HEYNE
BÜCHER

Das Buch

Was tun, wenn der Freund einen verlassen hat? Sich die Augen ausweinen und verzweifeln? Oder ausgefallene Therapien ausprobieren?

Debby Bull hat ein Rezept für jene, denen das Herz schwer ist – eine Beschäftigung, die volle Konzentration erfordert. Sie macht Gelee und Marmelade, legt Löwenzahn und Dillbohnen ein. Und sie findet ihre innere Ruhe wieder.

Und für alle, die ebenfalls Liebeskummer haben – oder denen das Einkochen einfach Spaß macht – gibt es die leckeren Rezepte zum Nachkochen.

Die Autorin

Die Amerikanerin Debby Bull ist Journalistin und schreibt für große Magazine wie *Rolling Stone* oder *Interview.* Sie lebt abwechselnd in Livingston, Montana und St.Croix Falls, Wisconsin, und arbeitet bereits an ihrem zweiten Buch.

Debby Bull

Seufzer in Gelee

oder wie man Liebeskummer einkocht

Aus dem Amerikanischen
von Gisela Stobbe

WILHELM HEYNE VERLAG
MÜNCHEN

HEYNE ALLGEMEINE REIHE
Nr. 01/13039

Die Originalausgabe
Blue Jelly
erschien bei Hyperion (USA und Canada)

Umwelthinweis:
Das Buch wurde auf
chlor- und säurefreiem Papier gedruckt.

Taschenbucherstausgabe 1/2000

Wilhelm Heyne Verlag GmbH & Co. KG, München
Printed in Germany 2000
Umschlagillustration: ZEFA Visual Media/Millenium
und Bavaria Bildagentur/Japack, Gauting
Umschlaggestaltung: Nele Schütz Design, München
Satz: Pinkuin Satz und Datentechnik, Berlin
Druck und Bindung: Ebner Ulm

ISBN 3-453-16107-6

http://www.heyne.de

Für O.

Inhalt

Es gibt nur einen einzigen Weg,
einen Song oder sonst etwas zu
schreiben –
man arbeitet alles auf
und erzählt dann die Wahrheit

Joe Strummer, The Clash

Einleitung

Er brach mir das Herz, und ich fing an einzumachen. Mein Freund und ich hatten zum Abendessen eingeladen. Unsere Gäste waren alle schon da, nur er fehlte noch. Ich rief ihn an. Er sagte, er werde nicht kommen. Nie mehr. Er sagte, er habe sich verliebt. Er sagte, er wolle die Scheidung, dabei waren wir gar nicht verheiratet. Ich stolperte durch die Wohnung und suchte seine Sachen zusammen, auch die Dinge, die er mir geschenkt hatte. Einmal hatte er mich zu Weihnachten mit einem goldenen Filter überrascht. Ich wußte, daß er ihn beim Kauf seiner neuen Kaffeemaschine gratis dazubekommen hatte, aber ich sah darin ein Zeichen seiner Anerkennung dafür, wie unprätentiös ich war. Ich dachte auch an den Valentinstag, als er mir eine Handvoll jener Duftstreifen überreicht hatte, die man aus Zeitschriften ausreißen kann.

Wochenlang weinte ich mir die Augen aus dem Kopf und sah mir im Fernsehen unentwegt Übertragungen von Gerichtsverhandlungen an; dachte über all die Menschen nach, die das Glück gehabt hatten, von den Angeklagten ermordet worden zu sein. Dann wollte ich eines Tages jemanden in L. A. anrufen und verwählte mich: Am anderen Ende erzählte mir ein Mann, er habe gerade einen Country Song mit dem Titel geschrieben: »Ich fühle mich so elend ohne dich, fast so, als seist du wieder bei mir.« Ich war wie vom Donner gerührt: Das war der schlagende Beweis dafür, daß es einen Gott gab. »Ein kleiner Scherz«, sagte er, ohne sich der ehrfurchtsgebietenden Tragweite des Augenblicks bewußt zu sein. »Für mich nicht«, sagte ich.

Ich faßte den Entschluß, es mir wieder besser gehen zu lassen. An jenem Tag stieß ich auf eine große Tüte wilder Heidelbeeren, die mein Freund in der Tiefkühltruhe zurückgelassen hatte, und ich verarbeitete sie alle zu Marmelade. Ich hatte zwar keinen Schimmer, wie man Marmelade macht, aber ich wollte sein Zeug einfach weghaben. Ich befolgte die Anweisungen auf dem Gelierzuckerpäckchen, und, o Wunder, es funktionierte. Ich konnte es nicht fassen. Etwas war richtig gelaufen, und ich betrachtete das als Omen für mein ganzes künftiges Leben. Ich machte mich an das Einlegen von Pickles und stopfte alle Stangenbohnen aus seinem Garten – in dem, wie ich zugeben mußte, in letzter Zeit überhaupt nichts mehr richtig gedieh – in die alten blauen Weckgläser meiner Großmutter. Ein Büschel Dill, etwas Knoblauch, eine Peperoni, die Lake, und plötzlich hatte ich Dillbohnen, um die ich mich, bis sie an Halloween fertig waren, überhaupt nicht mehr zu kümmern brauchte. (Übrigens einer der wenigen Feiertage, die man auch allein einigermaßen gut übersteht.) Doch nichts war so befriedigend wie die Herstellung von Apfelkompott. Man zerkocht Äpfel zu einem Brei, der laut vor sich hin blubbert und Blasen wirft, die wie Fontänen gegen die Decke spritzen. Und du fragst dich plötzlich, warum eigentlich nicht deine Mutter schreiend hereinstürzt und dich aus der Küche wirft.

Daß Einmachen ein Weg aus dem dunklen Dikkicht der Verzweiflung sein soll, mutet vielleicht seltsam an, aber alle anderen Methoden, von Valium angefangen bis hin zum Selbstmord, sind äußerst schädlich für die Gesundheit. Und eine Therapie – die Geschichte jede Woche von neuem aufwärmen – hilft auch nicht immer. Wenn man wirklich deprimiert ist, muß man etwas tun, was einen aus dem Schlamassel herausholt, was einen von der großen Welt loslöst und zum König einer winzigen kontrollierbaren Welt macht, zum Beispiel der Welt der Beeren und Einmachgläser. Nur weil es dieses eine Mal nicht geklappt hat und dein Herz gebrochen ist, bedeutet das noch lange nicht, daß zwangsläufig all deine Träume in einem großen Chaos enden werden. Einmachen ist ein Beleg für diese These.

Vielleicht hält jemand dagegen, man könnte doch auch etwas anderes, etwas Leichteres tun, zum Beispiel backen. Aber mit Keksen und Kuchen fabriziert man etwas, was man auf der Stelle verzehren muß. Und außerdem sind zu wenige Schritte dafür erforderlich. Einmachen hingegen ist ein ganzer Kosmos von Arbeitsgängen. Du mußt einfach den Kopf frei haben. Einmachen ist eine Zen-Erfahrung. Du kannst nicht über deine Unzulänglichkeiten nachgrübeln, darüber, wie du Bob aus dem Haus getrieben hast, und gleichzeitig Gelee einkochen. Du hast dich mit großen, zylinderförmigen chinesischen Datteln zu befassen, mußt ganz bei der Sache sein und ständig aufpassen. Du kochst das Zeug und sterilisierst die Utensilien, du stoppst die Zeit, du mißt ab, du wiegst, du behältst die Temperatur im Auge ... : Du schaffst eine geordnete kleine Welt. Anders als bei der Sache, die dir passiert ist, führen dich diese Schritte zu dem Ziel, das du anvisiert hast. Deine Person richtet sich in einer Welt ein, in der die Dinge sich so entwickeln, wie du es dir vorgestellt hast.

Nach den Heidelbeeren und den Bohnen und dem Apfelkompott brachte mich ein Rückfall auf sauer eingelegte Zucchini und eingelegten Ingwer. Als er vorüber war, reihten sich die Einmachgläser auf allen verfügbaren Ablageflächen, und ich wußte, ich würde es überleben. Ich addierte alle Liter-, Halbliter- und Viertellitergläser zusammen und heftete die Zahlen an den Kühlschrank, ganz so, als sei es eine Punkteliste bei einem großen Wettbewerb. Ich hatte gewonnen. Und dann verschenkte ich alles, schickte all die Gläser an meine Freunde mit gebrochenem Herzen, an Freunde, die ihre Jobs verloren, ihre Liebe verloren, ihre Perspektiven verloren hatten. Es war wie ein Kettenbrief mit Einmachgläsern, und ich hoffte, daß wir alle – so die Adressaten mitmachten – nicht mehr ganz so deprimiert wären.

1

Holzapfelgelee

An Weihnachten entschied ich, es sei nun an der Zeit, mich mit meinem Ex auszusprechen. Ich fuhr mit einem Glas Gelee zu seinem Haus und stellte es in seinen Briefkasten. Als ich zu meinem Wagen zurückging, bog er gerade in die Einfahrt ein. Er sah mich an und sagte: »Du gehörst wirklich in eine Irrenanstalt.« Er hatte recht: Ich mußte einen Dachschaden haben, daß ich noch etwas mit ihm zu tun haben wollte.

Abermals in Tränen aufgelöst, rief ich eine Freundin von mir an; sie war baß erstaunt: Diese Story komme ihr doch irgendwie bekannt vor, meinte sie. Als sie mal den Verdacht hatte, ihr Freund, mit dem sie seit mehr als zwölf Jahren zusammenlebte, habe eine Affäre, fuhr sie zum Flughafen, um ihn abzuholen. Es war sein Geburtstag, und sie hielt ein kleines Päckchen für ihn in der Hand. Er kam Hand in Hand mit einer Frau aus dem Flugzeug, und als sie auf ihn zuging, meinte er: »Jetzt hast du wohl komplett den Verstand verloren.«

Ein Freund von mir reagierte ganz im Sinne

eines Oliver Sacks, als er die Geschichte hörte. »Weißt du, der Grund dafür muß deine eigene Verwerflichkeit sein«, sagte er und war ganz aufgeregt; »also ist es eher dein Sündenfall, und nicht seiner. Jetzt so zu tun, als sei dir etwas angetan worden, ist sehr unfair.« An seiner brüchigen Stimme erkannte ich, daß er so etwas Ähnliches selbst durchgemacht hatte, daß es nicht die übliche Taktik war, die vor allem Männer so gern anwenden, nachdem sie irgendwann mal im Sportunterricht gelernt haben, Angriff sei die beste Verteidigung. Seine letzte Freundin habe die gleiche Strategie versucht, sagte er. Er sehe das jetzt ganz klar. Heute gehe es ihm gut. Er habe nur drei oder vier Jahre gebraucht.

Dennoch, ich war so durcheinander, daß mir der Rat, irgendwohin zu fahren, wo es ruhig und still war, durchaus sinnvoll erschien. Ich schnürte meine Wanderschuhe und machte mich in die Wildnis auf, in unberührte Gegenden, die auf der Karte als hübsche grüne Flecke eingezeichnet waren. Die Tatsache, daß die Strapazen durch unwegsames Gebiet am Ende jedesmal mit einem phantastischen Ausblick belohnt wurden, war wie ein Unterpfand. Als der Schnee zu tief wurde, fuhr ich nach Süden zu einem grünen Flecken, wo man auch um diese Jahreszeit noch wandern können sollte, nahe Cortez, Colorado. Zum Mittagessen kehrte ich in ein mexikanisches Restaurant ein, das mit riesigen Plastikpavillons vollgestellt war, die eigentlich nach draußen gehörten. Ich studierte gerade die Wanderkarte, als ein Mann, der hinten im Raum das Geschirr spülte, zu mir herüberkam. Sein Gesicht war durch seinen stark verschobenen Kiefer völlig entstellt. Er mußte einen Unfall gehabt haben. Er erzählte mir von einer geheimen Stelle, wo er selbst gern mit seiner Familie wanderte, und zeichnete mir eine kleine Skizze auf.

Es schien ein sehr einsamer, trostloser Winkel zu sein, aber ich wurde neugierig. Als ich wieder im Auto saß, folgte ich seiner Wegbeschreibung. Ich wanderte vier oder fünf Meilen über einen roten Sandpfad, der an einem Canyon entlangführte. Hier war Wüste, und es gab nicht viel zu sehen. Ich fragte mich schon, ob ich womöglich den falschen Weg eingeschlagen hatte, da sah ich sie plötzlich um mich herum: lauter Felsenwohnungen – eine ganze Stadt, eingehauen in rote Felsen. Es kam mir vor wie ein Wunder, beides, die Stadt in den Klippen und der Umstand, daß ich vergessen hatte, wie freundlich und nett Menschen sein können.

Das Gefühl, das in mir aufstieg, ließ mich, wie schon so oft, an Freddy Fender denken. Ich habe ihn einmal interviewt, als ich noch beim *Rolling Stone* arbeitete, und er erzählte mir, daß er beim Singen immer eine imaginäre Frau, die Frau seiner Träume, vor Augen habe. Seine Augen füllten sich mit Tränen, und er sagte: »Immer wenn ich an sie denke, habe ich einen Kloß im Hals.«

Auf meinem Rückweg nach Montana bog ich in Idaho von der Autobahn ab und fuhr über staubige Landstraßen, bis ich den türkisfarbenen Wohnwagen fand, in dem – das hatte sie mir erzählt – Dottie wohnte. Sie war die Schwester von Charlene Arthur, eine der weiblichen Elvisse der fünfziger Jahre. Charlene hätte mit Sicherheit ein großer Star werden können; deshalb wollte ich mit Dottie darüber sprechen, was eigentlich passiert war. Nachdem ich ein Photo von ihr gesehen hatte, wie sie im Westernhemd und Jeans mit einer Zigarette im Mund an einem Auto lehnte, war ich von ihr fasziniert. Daß Colonel Parker von ihr verlangt hatte, ein Kleid zu tragen, war ein Punkt, aber Dottie sah das Problem in einem ganz anderen, viel allgemeineren Licht. »Wenn du versuchst, mit einem unangenehmen Mann klarzukommen, gehst du zugrunde«, sagte sie. Ich notierte mir den Satz und versah ihn mit drei Ausrufezeichen, bevor ich ihn mir für den Rest der Fahrt an den Rückspiegel heftete. Sie hatte nicht »ausfallend« oder »brutal« gesagt, stellte ich fest; sie hatte gesagt, daß schon jemand, der lediglich unangenehm ist, dich umbringen kann.

Als ich nach Hause kam, rief mich mein Nachbar an und fragte, ob ich ein paar Holzäpfel haben wolle, und so holte ich meine Einmachutensilien aus dem Keller hoch. Wenn man in rohe Holzäpfel beißt, zieht es einem die Löcher in den Strümpfen zusammen. Sie sind klein und sauer und wertlos –

es sei denn, man macht Gelee daraus. Dann entfalten sie ein herbes, volles Aroma. Sie sind leicht zu verarbeiten und kosten auch nicht viel, wenn man sie kaufen muß. Das lehrt uns wieder einmal, wie sehr der erste Eindruck täuschen kann. Ich war einmal bei einer Wahrsagerin und habe mich über meinen Ex-Freund beklagt. »Sie haben ein Haus gekauft, ohne die Fundamente zu prüfen«, sagte sie. Ich konnte es nicht fassen. Nicht genug damit, daß mich dieser Knabe verlassen hatte, jetzt stürzte auch noch mein Haus zusammen. »Das ist eine Metapher!« rief sie. »Ich meine, Sie haben sich verliebt, bevor Sie etwas über seine Vergangenheit wußten. Das nächste Mal halten Sie sich ein bißchen zurück.«

Wenn man Gelee einkocht, bekommt man Übung darin, sich zurückzuhalten. Der Saft tröpfelt quälend langsam durch das Seihtuch, und man muß einfach Geduld haben. Der Holzapfelsaft ist traumhaft rosafarben. Ich habe übrigens herausgefunden, wenn man wirklich am Boden zerstört ist, trägt man am besten Rosa. Die Leute legen es dann nicht so sehr darauf an, einen über den Tisch zu ziehen. Statt dessen fragen sie dich, ob du irgend etwas brauchst, was wahrscheinlich nicht im entferntesten zu vergleichen ist mit der Art, wie Bob dich behandelt hat, bevor er ging.

Viertellitergläser

Holzäpfel
Zucker

1. Die Holzäpfel waschen und den Blütenansatz entfernen. Die Früchte vierteln. Man braucht die Äpfel weder zu schälen, noch ist es nötig, das Kerngehäuse zu entfernen. Der unangenehme Teil sollte nie länger dauern als der vergnügliche.

Die Apfelschnitze in einen großen, flachen Topf geben. Mit Wasser auffüllen, so daß sie knapp bedeckt sind. Es empfiehlt sich ein 8- bis 10-Liter-Kessel oder ein gußeiserner Bratentopf. Wichtig ist nur, daß der Topf einen Boden mit großem Durchmesser hat, damit die überschüssige Flüssigkeit schnell verdampfen kann. Die Früchte so lange kochen, bis sie völlig vermust sind.

2. Das Mus in einen Seihbeutel füllen und über eine Schüssel hängen. Falls Sie noch nie etwas von einem Seihbeutel gehört haben, seien Sie erfinderisch. Das wird Ihnen das Gefühl geben, daß Sie intelligent sind und es nicht nötig haben, mit einem Schwachkopf zusammenzuleben. Sie könnten zum Beispiel drei Lagen Mull in eine Schüssel legen, das Holzapfelmus darauf geben, den Mull oben an den Zipfeln wie einen Beutel zusammenbinden und dann über eine Schüssel hängen, damit der Saft abtropft. Das Ganze lassen Sie über

Nacht hängen, während Sie schlafen und etwas Schönes träumen. Das Seihtuch am nächsten Morgen nicht zusammendrücken. Wahrscheinlich haben Sie ja nicht im Traum daran gedacht, das zu tun, aber der Beutel ist inzwischen so dick und prall, daß er förmlich dazu verführt, noch mehr Saft herauszuquetschen. Doch durch das Drücken wird das Gelee flockig und trübe, und es soll doch klar werden – nicht nur aus psychologischen Gründen.

3. Die Gläser abspülen und anschließend 10 Minuten lang in einem großen Topf mit kochendem Wasser sterilisieren. Danach in dem heißen Wasser stehenlassen, bis sie gebraucht werden. Um sie warmzuhalten, kann man sie aber auch auf einem Blech in den Backofen schieben. (Sylvia Plath mußte natürlich ihren Kopf in den Backofen stecken. Dies hier ist zweifelsohne eine viel gesündere Nutzung von Gas.) Schütten Sie das heiße Wasser nicht weg. Sie brauchen es später noch für die fertigen Gläser, um das Gelee haltbar zu machen.

Alle Deckel und Schraubringe in einen flachen Stieltopf mit genügend Wasser legen. Das Wasser zum Kochen bringen und den Topf von der Flamme nehmen. Alles in dem heißen Wasser liegenlassen. Übrigens kein Problem: Wenn Sie von all dem zu sehr gestreßt sind, um noch Gelee zu machen, hören sie einfach auf, nachdem Sie alles sterilisiert haben.

4. Den Saft, der aus dem Seihtuch getropft ist, becherweise abmessen und in einen Topf schütten. Für jeden Becher Saft einen dreiviertel Becher Zucker in eine Schüssel geben, so daß der ganze Zucker nachher in einem Schwung in den Saft gekippt werden kann. Den Saft bei starker Hitze schnell zum Kochen bringen und ungefähr fünf Minuten lang sprudeln lassen.

Den Zucker in den kochenden Saft schütten, umrühren, damit er sich auflöst, und alles kräftig kochen lassen, bis es geliert. Dies verlangt volle Konzentration. Jetzt kommt es darauf an. Sie können entweder alles ruinieren, oder Sie krempeln möglicherweise Ihr ganzes Leben um. Stellen Sie den Küchenwecker, und testen Sie nach etwa 10 Minuten, ob der Gelierpunkt erreicht ist.

Tauchen Sie hierzu einen großen, kalten Metallöffel in den Topf. Ziehen Sie ihn ein Stück aus dem Dampf heraus, und lassen Sie den Sirup ein paar Sekunden abkühlen. Dann halten Sie den Löffel schräg nach unten – das Gelee ist fertig, wenn die Flüssigkeit nicht mehr in zwei getrennten Tropfen von den beiden Enden der Löffelmulde herabtropft, sondern sich in der Mitte sammelt und in einem einzigen großen Tropfen herunterploppt. Das ist der »Kohäsions«-Test, ein Test, der einen wirklich in helle Begeisterung versetzen kann, denn das Ganze ist irgendwie absurd. Da kocht man etwas ein, und plötzlich ist man mitten in einem wissenschaftlichen Experiment, ganz ähnlich dem, das der Herr Oberlehrer seinen zehnjährigen Schülern demonstriert.

Man kann aber auch ein Konfektthermometer verwenden und das Gelee auf eine Temperatur erhitzen, die um gut 4 Grad, genau gesagt 4,4 Grad, über dem von Ihrem Standort abhängigen Siedepunkt von Wasser liegt. Auf Meereshöhe beträgt er knapp 105° Celsius, auf einer Höhe von 1200 Metern exakt 100° Celsius. Ich muß Sie allerdings vorwarnen: Diese Methode klingt zwar einfacher und ist sicher wissenschaftlich fundiert, das heißt, sie müßte eigentlich am zuverlässigsten sein, aber mir beschert sie jedesmal feste, harte Geleeklumpen. Eine andere Methode – der Kühlschranktest – besteht darin, einen Löffel Sirup auf ein Tellerchen zu geben und schnell in das Gefrierfach zu schieben. Eine Minute warten und dann die Probe: Wenn Sie mit dem Finger draufdrücken und der Sirup nicht mehr flüssig ist, sondern wie Götterspeise wakkelt, ist er fertig. Aber bitte versuchen Sie doch wenigstens einmal den Kohäsionstest mit dem großen Löffel.

5. Den kochenden Sirup von der Flamme nehmen und schnell den Schaum von der Oberfläche abschöpfen. Das ist eine extrem klebrige Angelegenheit. Deshalb sollte man am besten einen ganzen Satz sauberer Eßlöffel zur Hand haben. Denn wenn man versucht, den Schaum vom Löffel zu entfernen, bleibt er für gewöhnlich daran kleben. Allzu große Pingeligkeit kann man sich in dieser Phase zeitlich nicht leisten, also wirft man den benutzten Löffel am besten einfach in die Spüle und nimmt einen neuen, bis der ganze Schaum abgeschöpft ist.

Das Gelee in die trockenen, heißen Gläser bis etwa einen halben Zentimeter unter den Rand füllen, am besten – so vorhanden – mit Hilfe eines Trichters mit weiter Öffnung; einfach, weil auf diese Weise mehr von dem klebrigen Zeug wirklich in den Gläsern landet. Den Zipfel eines Handtuchs in das heiße Wasser tauchen, in dem Sie die Gläser sterilisiert haben, und damit die Glasränder von allen Geleespritzern sorgfältig befreien.

6. Die heißen Deckel auf die Gläser legen und die Schraubringe fest zudrehen. Jetzt die Gläser zum Konservieren noch einmal für zehn Minuten in das kochende Wasser stellen, wobei man pro 300 Meter über dem Meeresspiegel jeweils eine Minute zusätzlich hinzurechnen muß. Freunde in Denver lassen die Gläser also 15 Minuten kochen, und so weiter. Die Kochzeit rechnet von dem Augenblick an, wenn das Wasser nach dem Hereinstellen der Gläser wieder sprudelnd zu kochen beginnt.

7. Die Gläser mit einer speziellen Gläserzange – eine große normale Zange tut's aber auch – aus dem Wasser heben. Ziehen Sie die Schraubringe danach nicht mehr an, und stülpen Sie die Gläser auch nicht auf den Kopf. Mit anderen Worten, jetzt ist alles gelaufen. Hö-

ren Sie auf, sich darüber den Kopf zu zerbrechen, was Sie hätten besser machen können.

Wenn die Gläser abkühlen, werden Sie aus der Küche Geräusche hören, die Sie vielleicht gern als Pistolenschüsse identifizieren würden. Aber es sind nur die Deckel, die beim Festsaugen dieses Plop machen. Nach drei, vier Stunden können sie nachprüfen, ob alle Gläser fest verschlossen sind. Dazu drückt man mit dem Finger auf den Deckel. Bleibt er unten und bewegt sich nicht, ist das Glas luftdicht abgeschlossen. Klickt er dagegen rauf und runter, ist dies nicht der Fall, und das Glas muß sofort verbraucht werden.

2

Dillbohnen

Man sagte mir, ich solle meine Sachen in der »Karawanserei der Freude« abstellen und mich dann direkt in die Halle des Lichts begeben. Ich hatte mich im Institut für Mental-Physik in der kalifornischen Wüste angemeldet. Sicher, mein Herz war gebrochen, aber worüber ich mir wirklich Sorgen machte, war mein Geisteszustand: Ich konnte mich selbst nicht mehr glücklich machen. Ich versuchte eine Erklärung dafür zu finden, ließ keine Möglichkeit aus, um dieses Phänomen zu ergründen. Dieses Mal gesellte ich mich unter die Zuhörerschaft einer ehemaligen Kabel-TV-Vertreterin, die behauptete, von dem Geist eines 35 000 Jahre alten Mannes bewohnt zu sein. Als ich hereinkam, sagte sie gerade: »Ist sein kann nicht Ist-nicht-sein sein.« Hunderte von Leuten saßen vor ihr auf dem Boden. Sie bediente sich einer Sprache, wie man sie sonst nur in Science-Fiction-Filmen hört, wo die Leute von anderen Planeten zwar dein Idiom sprechen, aber auf eine so seltsame Art und Weise, daß man weiß, sie können nicht von dieser Erde sein. Sie nannte uns *Humanoïde.* Sie saß auf einem

Thron und ähnelte in bemerkenswerter Weise Doris Day. Jedesmal, wenn sie einen Gedanken zu Ende geführt hatte, schrie sie »So sei es!«, und alle schrien zurück: »So sei es!«, was sich wie ein fetziger Wechselgesang aus der Bibel anhörte.

Ich verbrachte dort eine ganze Woche. Das Motto meiner Woche lautete »Der Umgang mit dem Wissen um das individuelle Schicksal«. Das war genau mein Thema. In meinem Schlafraum standen ein französisches Bett und zwei Etagenbetten. Eine meiner Zimmergenossinnen war ein Callgirl aus Las Vegas. Sie erzählte mir, daß sie in einem früheren Leben mit einem künstlichen Penis erstickt worden sein. Eine zweite Zimmergenossin trug eine blonde Perücke à la Nancy Sinatra und einen hawaiischen Sarong. Sie nannte sich eine Inzest-Überlebende. Mir kam langsam der Gedanke, daß ich vielleicht doch gar nicht so schlecht dran war. Eine Frau – sie war Immobilienmaklerin in Mississippi – hatte ihren halbwüchsigen Sohn mitgebracht. Die beiden waren ebenfalls meinem Zimmer zugeteilt. Und dann war da noch Cara, eine auffallend schöne Schwarze, die von sich behauptete, Metaphysikerin zu sein. Sie erzählte mir, sie habe ein Buch geschrieben mit dem Titel *Laß dein Ego keine Versprechungen machen, die deine Seele nicht halten kann.*

Wir aßen zusammen mit den anderen im Speisesaal, und an einem Morgen fragte ich beim Frühstück eine sehr muskulöse Blondine, wie sie sich denn fit halte. Sie sagte: »Ich gehe in meiner Phantasie jeden Morgen ausdauernd schwimmen.« Anschließend stapften wir im tiefen Sand durch ein ausgetrocknetes Flußbett zu einem Platz weit draußen in der Wüste. »Taucht in eure Probleme und Problemchen ein«, sagte unsere Doris Day, »und dann meditiert über die Sonne und die Erde. Sie währen ewig und sind erhaben, eure Probleme sind klein.«

Ich zwinkerte Cara zu. »Ich habe die weite Reise für nichts und wieder nichts gemacht.« Sie packte mich am Arm, ein bißchen zu fest, und dann machten wir uns davon und kletterten auf einen Abhang. »Du hast die weite Reise gemacht, damit wir zwei uns hier begegnen«, sagte sie. »Warum hängt dein Leben davon ab, ob du diese Beziehung hast oder nicht? Wenn eine einzige Person dich so fertigmachen kann, daß du den Wunsch hast zu sterben, dann ist das doch geradezu absurd. Einen Mann an seiner Seite zu haben, macht zwar Spaß, ist aber nicht wichtig. Beziehungen sind da, damit wir uns unterhalten, aber sie sind nicht der Grund dafür, warum wir auf der Welt sind. Der Sinn des Lebens besteht nicht darin, sich in einer separaten Welt mit einer einzigen Person festzufahren. In diesem Theaterstück muß es um etwas Größeres gehen.«

Wir setzten uns auf einen großen Felsen und sahen zu, wie die Leute, die eben ihre Problemchen betrachtet hatten, den Rückweg zu ihren Schlafräumen antraten. »Dir hat dieser Akt so gut gefallen, daß du ihn nicht enden lassen wolltest«, fuhr sie fort, »er ist aber jetzt zu Ende. Der Vorhang ist gefallen. Es ist einfach kindisch, deshalb mit dem Fuß aufzustampfen und zu heulen. Du mußt einen neuen Akt beginnen. Vielleicht gibt es irgendein Stück der Geschichte, das du aufgreifen mußt. Und außerdem, wer weiß schon, ob er im dritten Akt nicht plötzlich wieder da ist? Vielleicht mußt du aus der ganzen Sache erst etwas wirklich Wichtiges lernen, bevor er wieder auftaucht. Du hast keine Ahnung, wer für immer in deinem Leben eine Rolle spielen wird. Du kannst nichts tun; du kannst dich nur darüber freuen, daß das Stück weitergeht.«

»Und außerdem«, fügte sie hinzu, »woher weißt du überhaupt, was du willst? Du weißt ja noch nicht einmal, was es da draußen alles gibt.«

Wir waren inzwischen schon fast wieder an der Karawanserei der Freude angelangt. Auf dem letzten Stück des Weges stimmte ich einen alten Rythm & Blues-Song an. Cara blieb abrupt stehen. Sie sah mich mit einem seltsamen Gesichtsausdruck an. »Willst du wissen, wer das geschrieben hat?« fragte sie. Ich nickte. Er war einer meiner Helden – einer der großen Songwriter von Motown*. »Er ist mein Mann«, sagte sie, und ich erinnerte mich unwill-

* Plattenfirma für schwarze Musik, A. d. Ü.

kürlich wieder daran, wie es sich immer angefühlt hatte, als alles noch in Ordnung zu sein schien.

Auf der Fahrt zum Flughafen fühlte ich mich in Hochstimmung. Über einem Laden sah ich ein Schild mit der Aufschrift »House of Gurus« – Haus der Gurus. Ich verstand diese neue Welt, fühlte mich im Einklang mit ihr. Und dann kam ich näher, und ich stellte fest, daß es in Wirklichkeit »House of Guns« – Haus der Pistolen – hieß.

Als ich endlich wieder zu Hause war, hingen im Garten überall, wo man hinsah, Stangenbohnen. Im Endeffekt hat man es immer mit viel zu vielen Bohnen auf einmal zu tun, genauso wie im persönlichen Leben, wenn man plötzlich von einer Glückssträhne »heimgesucht« wird. Du stellst sie nicht in Frage, aber du weißt, es hält nicht ewig an. Gartenarbeit ist immer eine Lektion in Sachen Akzeptanz des Unvermeidlichen. Sie lehrt uns anzunehmen, was immer auch geschieht. Sie rückt die Dinge ins rechte Licht. Du wühlst mit den Händen im Erdreich, und – wie würde der 35 000 Jahre alte Mann sagen? – verglichen mit dem Erdball sind deine Probleme ganz klein.

Litergläser

Grüne Bohnen in rauhen Mengen

Für den Aufguß
5 Becher Weißweinessig (5% Säuregehalt)
½ Becher Spezialsalz für Pickles
5 Becher Wasser

Beiwerk für die Bohnen
Dillblüten
Chilischoten
Knoblauchzehen

1. Die Gläser 10 Minuten lang in kochendem Wasser sterilisieren. In einer kleinen Kasserolle Deckel und Schraubringe mit Wasser bedeckt zum Kochen bringen; dann von der Flamme nehmen und stehenlassen, bis man sie braucht. Die Gläser aus dem Wasser heben und zum Abtropfen für etwa eine Minute umgekehrt auf saubere Handtücher stülpen.

2. Ein oder zwei Knoblauchzehen, eine Chilischote und ein großes Büschel Dillblüten auf den Boden jedes Glases legen. (Wenn Sie es nicht so scharf mögen, reicht auch eine halbe Chilischote.) Darüber vorsichtig die Bohnen senkrecht stehend anordnen. Lassen Sie sich Zeit dafür. Je nachdem, wie lang sie sind, eine zweite Lage auf die erste schichten. Achten Sie darauf, daß die Bohnen wirklich dicht an dicht stehen. Wenn Sie sie nicht eng genug packen, schwimmen die Bohnen nach dem Einwecken kreuz und quer im Glas herum. Der Anblick ist fürchterlich, zumal, wenn sie damit irgendwie ihr Leben assoziieren. Sollte noch Platz sein, obenauf noch ein Dillblütenbüschel legen.

3. Den Sud drei Minuten lang in einem Edelstahl- oder Emailtopf kochen. Dabei stehen Sie nicht unter Zeitdruck wie beim Gelee; und falls der Sud für die Bohnenmenge nicht ausreichen sollte, kann man jederzeit, egal wie weit man gerade ist, eine Pause einlegen und neuen machen. Den Sud bis etwa einen Fingerbreit unter den Glasrand über die Bohnen gießen. Sollten Sie irgendwo Luftblasen entdecken, mit einem Eßstäbchen oder sonst irgendeinem Utensil mit Plastikgriff innen am Glasrand entlangfahren und die Bläschen zerstechen. Falls Sie geschlabbert haben und Flüssigkeit über den Rand gelaufen sein sollte, dann tauchen Sie den Zipfel eines Handtuchs in das heiße Wasser, in dem Sie die Gläser sterilisiert haben, und wischen Sie den Rand des Glases damit sauber.

4. Die heißen Deckel auf die Gläser legen und den Schraubring fest zudrehen; (aber nicht so fest, daß Sie später beim Öffnen einen Schreikrampf kriegen, weil kein Mann in der Nähe ist, der Ihnen die bombenfest sitzenden Dinger aufschraubt.) Anschließend das Weckgut zum Konservieren 20 Minuten lang in spru-

delndem Wasser kochen lassen, wobei sich die Sterilisierzeit pro 300 Meter über dem Meeresspiegel um jeweils eine Minute verlängert. Die Sterilisierzeit zählt erst von dem Zeitpunkt an, wenn das Wasser nach dem Hereinstellen der Gläser wieder zu sprudeln beginnt.

Bevor Sie eines der Gläser öffnen, mindestens sechs Wochen oder auch länger warten, damit die Bohnen richtig durchgezogen sind.

3

Himbeermarmelade

Meine Kopfkissen waren immer noch ganz durchweicht von meinen Tränen und mit Mascara verschmiert. Eine Freundin empfahl mir ihre Therapeutin, und so machte ich einen Termin aus und ging zu Donna. Ich erzählte ihr das ganze Drama: Während er damals einen Roman schrieb, kümmerte ich mich um alles andere. Ich kaufte ein, mähte den Rasen, putzte das Haus, redigierte sein Buch, und zu guter Letzt waren all meine Ersparnisse aufgebraucht. Ich konnte die Geschichte kaum ertragen: Ich war ja so dämlich.

Ich schluchzte die ganze Zeit, vor allem, als ich bei dem Teil angelangt war, wo er mir am Telefon überraschend mitgeteilt hatte, er wolle sich von mir trennen; und das ausgerechnet bei einer Party, bei der wir die Veröffentlichung seines Romans feiern wollten, den er mir gewidmet hatte – mit wohlgesetzten Worten, die wie eine Klausel aus einem Vertrag anmuteten, aus dem man aber eigentlich am liebsten wieder aussteigen würde.

Donna hörte sich alles ohne Regung an. Als ich fertig war, beugte sie sich vor und starrte mich nachdenklich an. »Haben Sie *Die kleine Meerjungfrau* gesehen?« fragte sie. Ich streckte den Kopf vor in der Hoffnung, mich verhört zu haben. »Es ist die Geschichte eines Mädchens, das seine Stimme verliert«, sagte sie, »und ich denke, genau das ist Ihnen auch passiert.«

Ich war überrascht, daß es offenbar eine ganz neue Richtung der Psychotherapie gab, bei der dein Fall mit dem passenden Disney-Zeichentrickfilm aufgearbeitet wird. Ich meinte allerdings, mehr von Dumbo zu haben, und ging nie wieder hin.

Eine Freundin aus L. A. rief an und hörte sich meine Geschichte mit großem Interesse an. »Ich kann meine Seelenmasseuse auch nicht mehr sehen«, sagte sie. Ich dachte, sie meinte damit, daß sie auch nicht weitergekommen sei. Sie sagte aber, sie meinte, durchaus weitergekommen zu sein, bis sie sich mit einem Schauspieler aus einer Seifenoper eingelassen hatte. Sie war verrückt nach ihm, und er schien es auch ernst mit ihr zu meinen. Doch dann rief er plötzlich nicht mehr an. Sie erzählte ihrer Therapeutin davon. Die Frau wurde aschfahl, als sie die Geschichte hörte. Sie wußte, was nicht stimmte. »*Ich* gehe mit ihm aus«, sagte sie.

Ich brauchte keinen Therapeuten, der mir sagt, daß mein Problem zu einem Teil darin begründet ist, daß ich all meine Vorstellungen über Liebe von Rock & Roll-Platten habe. Mein absoluter Lieblingssong war »I Want You Back« von den Jackson

Five. Er hätte gut als Hintergrundmusik zu jeder Liebesszenerie meines Lebens gepaßt. Während meiner Teenagerzeit in Nord-Wisconsin konnte man abends, wenn der Himmel nicht zu bedeckt war und man im Auto mit einer langen Antenne auf einer Anhöhe stand, WLS aus Chicago empfangen. Zu einer bestimmten Zeit spielten sie immer frühe Rhythm & Blues-Platten, und die beste war Claudine Clarks »Party Lights«. Wahres Glück ist unerreichbar, singt sie da. Es ist etwas, was zwar zu dir herüberklingt, aber nahekommen kannst du ihm nicht. Liebe ist eine Party, auf der du nicht eingeladen bist. In meiner Vorstellung von Liebe waren Elend und Sehnsucht fest verankert. Ich war ein »Fool in Love« und tat es Tina Turner gleich.

Nur um Radio zu hören, vor allem Country Songs, die mir nun geradezu inhaltsschwer erschienen, beschloß ich, zu einer langen Reise durch Wyoming aufzubrechen. Als ich an einem Ort mit Namen Thermopolis vorbeikam, bog ich von der Fernstraße ab. Thermopolis klang so warm. Am Ende der Straße funkelte ein großes Schild mit der Aufschrift THE STAR PLUNGE in der Sonne und lud zum Baden in heißen Quellen ein. Innerhalb der Anlage gab es eine Unmenge verschiedener Becken. Und dann war da ein Treppenschacht, an dessen oberem Ende man durch ein kleines Loch in eine lange, blaue Röhre kletterte, die gerade so breit war, daß man flach auf dem Boden liegend hineinpaßte. Ich war noch nie auf einer Wasserrutsche gewesen.

Ein halbwüchsiger Junge hielt mich davon ab, die Treppe wieder hinunterzusteigen. »Sie müssen nur locker sein und die Windungen und Kurven so nehmen, wie sie kommen«, sagte er. Ich war so sehr auf psychologische Ratschläge fixiert, daß ich ungefähr eine Minute brauchte, bis ich begriff, daß er von der Rutsche sprach. Er hatte recht: Wenn du dich verkrampfst und dich gegen die steilen Passagen sperrst, knallst du unweigerlich gegen die Wände; wenn man sich dagegen treiben ließ, machten sogar die plötzlich auftauchenden Abgründe Spaß. Ich merkte, der besondere Trick dabei war, auch dann noch locker zu bleiben, wenn man unterwegs den Badeanzug verlor.

Ich fuhr eine große Schleife über Utah, wo die Welt ein bißchen ordentlicher zu sein scheint, und machte mich dann über Idaho auf den Heimweg. Als ich auf ein Schild stieß, das auf ein Internationales Kartoffel-Museum hinwies, fuhr ich vom Highway ab. Zuerst wurde ich zu einem Besucherschalter dirigiert, wo mir der Mann an der Kasse einen Gutschein für eine kostenlose rote Kartoffel aushändigte. Dann sagte er aus heiterem Himmel, auf einmal ganz traurig: »Heute auf den Tag genau vor einem Monat hat mich meine Freundin verlassen.« Er erzählte mir die ganze Geschichte, während wir ein paar Chips knabberten, die wahrscheinlich mehr oder weniger das Ende der Geschichte der Kartoffel markierten. Nach dem, was er mir von ihr erzählte, mußte sie gräßlich sein. »Warum wollen Sie denn bei jemandem bleiben, der Sie so behandelt hat?« fragte ich und kam mir ziemlich albern dabei vor, eine Frage zu stellen, die ich selbst nicht beantworten konnte. Dann ging ich ins Kartoffel-Museum, probierte die Handlotion auf Kartoffelbasis und nahm die Erkenntnis mit, daß bei manchen Beziehungen das Ende und nicht der Anfang deine Hoffnungen wieder neu beleben sollten.

Als ich nach Hause kam, waren die Himbeersträucher so gut wie verwelkt. Der Garten lehrte mich ganz nebenbei, Veränderungen zu akzeptieren, den Lauf der Dinge, wie sie kommen und gehen, anzunehmen. Vor allem in meinem Garten währt nichts ewig. Manche Pflanzen tragen allerdings Früchte, und die kann man einmachen. Man kann also tatsächlich etwas dauerhaft machen. Himbeermarmelade ist ganz einfach.

Marmelade ist fertig, wenn sie dick ist. Sie muß nicht ewig kochen. Man muß sie nicht testen; man sieht sie nur an und weiß Bescheid. Ich habe einmal ein Rezept der Jahrhundertwende nachgekocht, in dem nichts weiter stand, als »Die Himbeeren mit Zucker kochen und in Gläser füllen.« Alles ist wirklich ziemlich offensichtlich. Ich meine, ich wußte schon vor jener bewußten Dinnerparty, daß es aus war.

Viertellitergläser

Himbeeren
Zucker

1. Die Himbeeren in einen breiten Kochtopf geben. Wenn Sie die Himbeeren selbst gezogen haben, gibt es zehn Punkte extra. Verarbeiten Sie immer nur eine kleine Menge auf einmal – so etwa 4, 5 Becher, nicht mehr. Übernehmen Sie sich nicht. Die Beeren zerdrükken, damit sich etwas Saft bildet. Etwa eine halbe Stunde unter ständigem Rühren – damit am Boden nichts ansetzt – vor sich hin köcheln lassen, bis die Beeren ganz zerfallen sind.

Ich habe viele Mußestunden – und dazu gehört auch die Zeit der Rührerei – damit ausgefüllt, dem Gedanken nachzuhängen, daß sich alles zum Guten gewendet hätte und niemand mich verlassen hätte, wenn ich hübscher wäre. Ich versuchte mich zu zwingen, an Tina Turners Sätze zu denken. »Man kann mich sicher nicht in eine Reihe mit den Schönheiten dieser Welt stellen, aber ich gehöre auch nicht zu den häßlichen Entchen«, hatte sie gesagt. »Und es gefällt mir hier in der Mitte. Da hat man wesentlich mehr Freiheit.«

In der Zwischenzeit die Gläser zehn Minuten lang in kochendem Wasser sterilisieren. Im heißen Wasser stehenlassen bis man sie braucht. Deckel und Schraubringe in einem kleinen Kochtopf mit Wasser bedecken und zum Kochen bringen. Anschließend von der Flamme nehmen.

2. Das Beerenmus abmessen. Das ist zwar eine Schweinerei, aber da geht kein Weg dran vorbei, selbst wenn das bedeutet, daß man es in einer Schüssel abmessen und anschließend wieder in den Topf zurückklatschen muß. (Ich glaube allerdings, daß das Abspülen einer zusätzlichen Schüssel hinterher wahrscheinlich eines Ihrer geringeren Probleme sein dürfte.) Anschließend geben Sie die gleiche Menge Zucker zu den Beeren in den Topf.

3. Den Zucker und die Himbeeren unter ständigem Rühren kochen lassen, bis die Masse wirklich klebrig und dickflüssig ist. Das wird in etwa nach zwanzig Minuten der Fall sein. Sorgfältig abschäumen. Weg mit dem Schaum! Auch wenn Sie sonst keine Anweisung befolgen, diese sollten Sie beherzigen. Die trockenen, heißen Gläser bis knapp einen halben Zentimeter unter den Rand mit Marmelade füllen. Dabei leistet ein Trichter mit großer Öffnung gute Dienste und sorgt für die sauberste Lösung.

4. Ein Handtuch mit dem Zipfel in das kochende Wasser tauchen und damit die Glasränder säubern. Die heißen Deckel auf die Gläser legen und die Schraubringe fest zudrehen. Die fertigen Gläser zehn Minuten lang in dem kochenden Wasser sterilisieren.

4

Scharfe mexikanische Gemüsepickles

Ich dachte, es würde mir vielleicht helfen, allmählich wieder an eine neue Beziehung zu denken, mich einfach mal wieder zu verabreden. Ich lernte den Countrysänger auf dem Flughafen in Denver kennen, und auf dem Flughafen von Austin, Texas, verließ er mich Monate später wieder. Eines Abends – irgendwann dazwischen – hatte er mich angerufen, um mir den Song vorzusingen, den er gerade geschrieben hatte. Er hieß »Das wird dir lange, lange wehtun.« Man sollte meinen, das hätte mich warnen müssen. Als der Titel dann schließlich ein Hit geworden war, verstand ich den hintergründigen Witz.

Nicht lange, nachdem wir uns kennengelernt hatten, schlug er mir eine gemeinsame Fahrt durch das Hügelland von Südtexas vor. Wir übernachteten in Motels, die von Tierpräparatoren eingerichtet worden waren, und aßen bei Denny's, wo die Bedienungen ihn um ein Autogramm baten. Er war damals noch gar nicht so berühmt, aber er kleidete sich trotzdem so als ob, und ich mußte die ganze Zeit an all die Vögel denken, bei denen das Weibchen ganz unscheinbar und das Männchen prächtig herausgeputzt ist. Er war aus dem Süden, und er hatte so Sprüche drauf wie: »Was ist für ein Schwein schon Zeit«. Das hatte jedoch, wie sich herausstellte, nichts mit der Stadt zu tun, in der wir uns aufhielten, einer Stadt mit einem »Heim des schwimmenden Schweins«. Es war heiß draußen, was ihn dann zum Beispiel zu der Bemerkung inspirierte: »Ich habe gerade einen Hund gesehen, der ein Kaninchen jagte, und beide trotteten gemütlich vor sich hin.«

Wir machten einen Zwischenstopp beim echten Alamo und besuchten anschließend die nachgebildete Kulissenstadt Alamo Village, wo John Wayne seine Filme gedreht hatte. Plötzlich zog er einen Notizblock hervor, kritzelte ein paar Zeilen für einen neuen Song hin und fragte mich, was ich davon hielte. Wir waren eine Woche lang zusammen unterwegs, und obwohl es sonnenklar war, daß er keine neue Beziehung wollte, sondern nur auf der Suche nach neuen Textideen war, weinte ich mir die Augen aus dem Kopf, als er nicht mehr anrief.

Kurze Zeit später kam seine Platte raus. Ein Titel hieß »Leicht zu lieben, schwer zu halten«, was alles erklärte. Aber es gab auch noch einen anderen Titel – »Laß sie nicht zu lang allein«, und eines Tages rief er wieder an, so als sei er nie weg gewesen. Das ging eine ganze Zeitlang so, aber ich kam nie auf die Idee, Fragen zu stellen. Ich nehme an, ich wartete irgendwie auf den ultimativen Beweis dafür, daß dies keine perfekte Beziehung war, so wie es beispielsweise bei einem Freund von mir war. Seine Freundin war in der *Tonight Show* aufgetreten und hatte kundgetan, sie würde sich wünschen, jemanden kennenzulernen, den sie wirklich lieben könnte.

Es fiel mir einfach schwer, Beziehungen aufzugeben, auch solche, an denen mir gar nichts lag. Als es mit dem Countrysänger schließlich aus war, versuchten mich meine Freunde damit zu trösten, wie bescheuert er sich anzog, so als sei er Roy Rogers persönlich. Aber das war noch eine seiner besten Eigenschaften gewesen.

Ich beschloß, den weiten Weg von Montana nach Kalifornien zu fahren, um den echten Roy Rogers, der die achtzig schon überschritten hatte, in seinem Museum in Victorville aufzusuchen. Roy war nie so reich gewesen wie Gene Autry, der andere große singende Cowboy, und ich wußte, daß es in seinem Leben einige Tragödien gegeben hatte, beispielsweise damals, als seine Tochter bei einem Unfall mit einem Kirchenbus gestorben war. In seinem Leben hatten sich Höhen und Tiefen abgewechselt, und dennoch war ihm immer noch danach, sich mit diesen Cowboyklamotten zu kostümieren. Seine Geschichte war lehrreich: Ein gutes Leben ist nicht unbedingt immer nur ein lustiges Leben.

Das Museum war vollgepackt mit Erinnerungsstücken aus dem Leben von Roy und Dale Evans – wie ein einziger riesiger Dachspeicher. Bullet, der Hund, bellte irgendein Wesen auf einem Diorama an, und selbst Trigger war ausgestopft und machte Männchen. Als ich ankam, wartete Roy schon in seinem Büro auf mich.

Bevor wir zu reden anfingen, meinte er, er müsse Dale anrufen. Die Leitung war besetzt, und Roy sah besorgt aus. »Mit wem mag sie bloß sprechen?« fragte er. Die beiden haben an die hundert Enkelkinder, und ich wies auf die Möglichkeit hin, daß es eines von ihnen sein könnte. Roy fing zwar an, mir von den Jagdausflügen zu erzählen, die er vor Jahren mit Alfalfa von Our Gang unternommen hatte, starrte dabei aber unentwegt das Telefon an. »Ich fahr' wohl besser nach Hause und sehe nach, ob bei ihr alles okay ist«, sagte er schließlich und verließ den Raum. Ich blieb noch eine Weile sitzen, und ich merkte, daß ich mir in einer Ehe wie der von Roy und Dale, die mir so manches Mal wie das Nonplusultra erschienen war, noch weniger vorstellen konnte als Alfalfa mit einem Gewehr in der Hand.

Als der Countrysänger und ich in Südtexas waren, machten wir einen Abstecher über die Grenze nach Mexiko. In dem Café, in dem wir zu Abend aßen, stand ein riesiges Glas mit scharfen Pickles auf dem Tisch. An der Wand hing ein Photo von

Annie Oakley. Sie war berühmt geworden, als sie als Teenager einen Scharfschießwettbewerb gewonnen hatte. Anschließend hatte sie dann den Mann geheiratet, der gegen sie verloren hatte. Sie sah kreuzunglücklich aus. Viele verheiratete Leute sehen so aus. Das ist eine Tatsache, mit der man sich manchmal trösten kann, wenn man allein ist. Ich war einmal bei einer Krankenmasseuse, die mir erzählte, wie fürchterlich sie sich an ihrem Hochzeitstag gefühlt habe. »Ich betrachtete mich im Spiegel«, sagte sie, »und ich dachte, ›jetzt ist alles gelaufen‹.«

Als ich zurück nach Hause kam, überlegte ich mir ein Rezept für mexikanische Pickles. Man kann sie so scharf machen, daß es einem die Tränen in die Augen treibt, obwohl ich langsam das Gefühl hatte, ich hatte genug geweint.

Halblitergläser

1 Blumenkohl, in Röschen zerteilt
1 rote Paprika in Streifen geschnitten
2 oder 3 Becher Babykarotten
oder in dünne Scheiben geschnittene
große Karotten
2 Becher Sellerie in daumengroße Stifte
geschnitten
2 Becher kleine ganze Zwiebeln oder
2 geviertelte mittlere Zwiebeln
Spezialsalz für Pickles

Für den Aufguß
5 Becher destillierter Weißweinessig
(5% Säure)
1 Becher Wasser
½ Becher Zucker

Als Beigabe in die Gläser
Chilischoten, getrocknet oder frisch
Knoblauchzehen

1. Das geschnittene Gemüse in eine Steingut-, Porzellan- oder Glasschale (keine Metallschüssel) geben. Mit Wasser bedecken und einen viertel Becher Spezialsalz (etwa 4 Eßlöffel) darüberstreuen. Kein Tafelsalz verwenden. Umrühren und gut mit dem Gemüse vermengen.

Achten Sie darauf, daß das Gemüse vollständig mit der Flüssigkeit bedeckt ist. Man kann das Gemüse auch mit einem Teller beschweren. Eine Stunde – oder auch länger – stehenlassen.

Der Countrysänger war übrigens nicht die erste angehende Berühmtheit, mit der ich ausgegangen war: Einmal beugte sich ein Komiker mitten in einem Interview für den Rolling Stone vor und küßte mich. Es war zwar unprofessionell, den Kuß zu erwidern, aber mir war zumute, als sei ich kopfüber in ein Kissen versunken. Er hatte so unheimlich weiche Lippen. Wir gingen ein paarmal zusammen aus. Und dann, eines Abends, setzte sich direkt mir gegenüber eine wunderschöne Kellnerin auf seinen Schoß und schob ihm mit der Zunge einen Zettel mit ihrer Telefonnummer in den Mund. Ich habe ihn nie wieder gesehen.

Das Gemüse abgießen.

2. Die Gläser abspülen und 10 Minuten lang in kochendem Wasser sterilisieren. Anschließend in dem heißen Wasser liegenlassen, bis sie gebraucht werden. Alle Deckel und Schraubringe in einen flachen Kochtopf legen, mit Wasser bedecken und aufkochen lassen. Den Topf von der Flamme nehmen und stehenlassen.

3. Für den Aufguß den Essig zusammen mit dem Wasser und dem Zucker in einen Edelstahl- oder Emailtopf schütten. Bei mittlerer Hitze langsam zum Kochen bringen und dann 15 Minuten lang sanft sieden lassen.

4. In jedes Glas eine Chilischote und eine Knoblauchzehe legen. Das Gemüse in die heißen Gläser schichten, und zwar jedes Glas schön buntgemischt, von jeder Sorte etwas. Den heißen Essigaufguß über das Gemüse gießen, aber nur bis etwa einen Fingerbreit unter den Glasrand. Wenn man die Gläser bis obenhin füllt, laufen sie beim Kochen über und verschmieren. Die Glasränder mit einem sauberen Handtuch abwischen.

5. Die heißen Deckel auf die Gläser legen und die Schraubringe fest zudrehen. Die fertigen Gläser 15 Minuten lang in kochendem Wasser sterilisieren. Die Sterilisierzeit beginnt in dem Augenblick, wenn das Wasser nach dem Hereinstellen der Gläser wieder zu sprudeln beginnt. Das Wasser muß wirklich während der ganzen Zeit kochen, sonst bringen Sie womöglich noch Ihre Gäste durch eine Lebensmittelvergiftung um, wandern ins Gefängnis, und die Freunde Ihres Exmannes halten ihn für genial, weil er Sie verlassen hat.

6. Vergewissern Sie sich, daß die Gläser fest verschlossen sind, und stellen Sie sie an einen kühlen, dunklen Ort. Die Pickles 6 Wochen lang richtig durchziehen lassen und dann verschenken.

5

Löwenzahngelee

Ich hatte mich immer noch nicht wieder ganz erholt, und ich überlegte, ob es mir vielleicht helfen würde, mich wieder ins Arbeitsleben zu stürzen und mir einen richtigen Job zu suchen. Ich meine einen Job, bei dem man jeden Tag ins Büro geht und der einem keine Zeit läßt, über andere Dinge nachzudenken. Ich nahm eine Stelle bei einer in Fachkreisen berühmt-berüchtigten Literaturagentin in New York an. Meine Aufgabe bestand darin, die Manuskripte zu lesen, die täglich stapelweise in ihr Büro flatterten. Die meisten von ihnen entpuppten sich als John-Grisham-Verschnitt, verkappt als schwarzer Frauenroman oder als Arztschmonzette. Ein Zwanzigjähriger schickte uns die dreizehn Kriminalromane, die er geschrieben hatte. In einem Begleitschreiben erklärte er, daß seine Mutter verrückt gewesen und nach einer langen Trennung schließlich wieder aus der Versenkung aufgetaucht sei; jetzt arbeite sie bei einer Kuckucksuhrenfabrik. Das war das einzig Interessante, was ich las. Irgendein anderer sandte uns ein Buch mit dem Titel *Uneinige Jury* zu. Es ging um das Thema Penisgröße.

Ich arbeitete nebenher an meinem eigenen Buch, einer auf Tatsachen beruhenden Kriminalgeschichte, und die Agentin versprach immer wieder, daß sie mit mir darüber reden würde. Schließlich schlug sie vor, sich abends bei einem Dinner mit mir darüber zu unterhalten. Ich erschien um sieben Uhr bei ihr und war überrascht, daß noch eine andere Frau zum Abendessen da war. Die Agentin hing in ihrem Schlafzimmer am Telefon. Im Wohnzimmer sah es aus wie Kraut und Rüben, und so fingen die andere Frau, übrigens eine Fernsehproduzentin, und ich damit an, etwas aufzuräumen. Um halb elf war die Agentin immer noch am Telefon. Wir hatten inzwischen alle Bilder und Möbel in der Wohnung umgehängt beziehungsweise umgeräumt. Die Produzentin ging nach Hause, um zu Abend zu essen. Ich nahm gerade meinen Mantel, als die Agentin schließlich doch aus ihrem Zimmer herauskam.

»Gehen Sie nicht weg!« schrie sie. Wir setzten uns auf die Couch. Ich teilte ihr mit, daß ich nicht nur nach Hause ginge, sondern zurück nach Montana. »Aber Sie müssen bleiben«, maulte sie. »Die Wohnung sieht phantastisch aus. Ich brauche Sie als meine Frau.«

Ich war sauer. »Werden Sie Ihre eigene Frau«, sagte ich verstimmt.

Ich beschloß die Gelegenheit zu nutzen und ihr etwas über mein Buch zu erzählen – über einen

Jungen in meiner Heimatstadt im mittleren Westen, der seine ganze Familie umgebracht hatte. Sie war völlig überwältigt. Es sah so aus, als lese sie etwas über meine Schulter hinweg. »Das wird ein absoluter Renner«, sagte sie schließlich.

Ich war außer mir vor Freude.

»*Werden Sie Ihre eigene Frau*«, sagte sie langsam und ließ sich den Titel auf der Zunge zergehen. »Man könnte damit ein ganzes Sortiment von Reinigungsmitteln über Teleshopping verkaufen«, fügte sie hinzu. Dann klingelte das Telefon. »Das wird für Frauen wie mich ungeheuer hilfreich sein«, meinte sie noch und verschwand wieder im Schlafzimmer. Ich kehrte nach Montana zurück. Es war Frühling, und im Garten wuchs der Löwenzahn. Er sah aus wie Ringelblumen. Anstatt ihm mit Unkrautvertilgungsmittel zu Leibe zu rücken, pflückte ich ihn, um Gelee zu kochen. Und was lernte ich daraus? Es gibt immer mehrere Möglichkeiten, die Dinge zu sehen.

Und trotzdem ... Ich fragte mich immer noch, warum die Sache mit dem Buch nicht geklappt hatte. Meine Arbeit schien manchmal auf die gleiche Ablehnung zu stoßen wie meine Beziehungen. Ich kramte in meiner Tasche und fand die Telefonnummer von Cara. »Du mußt dir keine Gedanken darüber machen, ob du Anklang findest oder nicht«, sagte sie, als ich anrief. »Was wir tun, tun wir, um uns selbst auszudrücken, um uns zu verwirklichen, und nicht, um den Geschmack der anderen zu treffen. Du hast Glück, wenn sie überhaupt irgend etwas, was du tust, gut finden.«

Während wir miteinander sprachen, zupfte ich die grünen Blütenböden des Löwenzahns ab. Das Ganze kam mir vor, als hätte ich meine eigene private Talkshow. »Schreib die Story, ganz gleich ob sie jemand will oder nicht«, sagte sie. »Hör auf, dir Sorgen darüber zu machen, ob dich jemand will; nur du mußt dich wollen.« Und dann legte sie auf.

Als ich bei dem Geleerezept an der Stelle angelangt war, wo man Speisefarbe einrührt, stellte ich fest, daß ich kein Gelb mehr hatte, und deshalb nahm ich einfach Blau. Das blaue Löwenzahngelee hatte etwas. Ich fand es irgendwie perfekt, und der Reiz bestand darin, daß es vielleicht niemand anderem gefallen würde.

Viertellitergläser

ca. 1 Liter Löwenzahnblüten
1 Liter Wasser
1 Päckchen (ca. 30 Gramm) Pektinpulver
2 Eßlöffel Zitronensaft
4½ Becher (1 Becher etwa 16 Eßlöffel) Zucker
gelbe Speisefarbe

1. Löwenzahnblüten sammeln. Es versteht sich von selbst, daß man dies lieber nicht tut, wenn man den Rasen gerade frisch gespritzt hat. Unkrautvertilgungsmittel lassen sich genauso wenig abspülen wie Düngemittel. Vielleicht sammeln Sie die Blüten dann lieber im Garten der Nachbarn mit den selbstgebatikten Klamotten. Halten Sie jede Blume an ihrem Kelch fest, und schnipseln Sie die gelben Blütenblätter ab. Den grünen Teil wegwerfen. Die Blüten mit dem Wasser etwa 3 Minuten in einem großen Stieltopf kochen.

Die Gläser abspülen und 10 Minuten lang in kochendem Wasser sterilisieren. In dem heißen Wasser stehenlassen, bis sie gebraucht werden. Die Deckel und Schraubringe in eine kleine Kasserolle legen, mit Wasser bedecken und kurz aufkochen. Von der Flamme nehmen und ebenfalls bis zum Gebrauch im Wasser belassen. An dieser Stelle, nachdem also das ganze Zeug sterilisiert war, ließ ich für gewöhnlich immer alles stehen und liegen, legte mich auf den Boden und heulte.

Die Agentin für die ich gearbeitet hatte, hatte wirklich so einiges durchzustehen, aber sie weinte nie. Das schien den Leuten angst zu machen – eine Frau, die nicht zusammenbrach –, und niemand wollte sich mit ihr auf einen Streit einlassen.

Es war nicht etwa so, daß sie nicht feminin war. Sie sah wirklich toll aus, und sie hatte einen ganzen Schrank voller eleganter Kleider. Ich besaß niemals auch nur ein einziges Kleid, das so schick war. Sie war die Agentin einer aus dem Radio bekannten Persönlichkeit. Um ihn bei Laune zu halten, begleitete sie ihn oft zu großen Events. Sie erzählte mir, daß das für sie zwar reine Arbeit sei, was aber nicht ausschloß, daß sie sich von ihm küssen ließ, wenn er sie nach Hause brachte, und zwar leidenschaftlich, auf den Mund. Ich fragte sie, warum sie ihn küßte, und sie antwortete, »Weil er wirklich echt gut küssen kann.« Sie war immer die Siegerin, ganz gleich, was sie in Angriff nahm.

2. 3 Becher des Löwenzahnsuds in einen flachen Topf mit großem Durchmesser schütten. Den Zucker in eine Schale abmessen, damit man ihn später in einem Schwung dazugeben kann. Dem Sud das Pektin und den Zitronensaft zusetzen und das Ganze sprudelnd aufkochen lassen. Dann den gesamten Zucker in die Flüssigkeit kippen und die Speisefarbe hinzufügen. Sie können jede Farbe nehmen, wirklich jede. Nur mit Gelb sieht das Gelee dann auch wie Löwenzahngelee aus. Ungefähr 3 Minuten lang kochen lassen, bis es geliert. Um sicherzugehen, machen Sie den Löffeltest. Den ko-

chenden Sirup von der Flamme nehmen und vollständig abschäumen. Die trockenen, heißen Gläser bis etwa einen halben Zentimeter unter den Rand mit dem Gelee füllen.

Was übrigens auch ganz hübsch aussehen kann, sind Blumen im Gelee, zum Beispiel eine Petunie oder ein Stiefmütterchen. Das Einbringen kann jedoch ganz schön stressig sein, weil die Blüte im allgemeinen immer wieder an die Oberfläche treibt. Mag sein, daß Sie keine Lust zu solchen Spielereien haben. Man kann übrigens die Blüte mit einem Eßstäbchen so lange nach unten drücken, bis das Gelee festzuwerden beginnt. Ich finde es allerdings ziemlich einschläfernd, in jedem Glas ein Stiefmütterchen auf den Boden zu bugsieren, anschließend das Stäbchen so auszubalancieren, daß es nicht herumtrudelt, um es dann genau zum richtigen Zeitpunkt herauszuziehen. Man kann auf diese Weise einen ganzen Samstagabend vertrödeln.

3. Den Zipfel eines Handtuchs in das kochende Wasserbad tauchen und die Glasränder damit abwischen. Die heißen Deckel auf die Gläser legen und die Schraubringe fest zudrehen. Die fertigen Einmachgläser 10 Minuten lang in kochendem Wasser wecken. Anschließend nicht mehr an den Schraubringen drehen, und die Gläser auch nicht auf den Kopf stülpen. Verschenken Sie das Gelee einfach, wenn Sie fertig sind.

6

Pflaumenmarmelade

»Ich bin wirklich verzweifelt, aber ich bin diesbezüglich optimistisch«, sagte eine Frau in einem sonnengelben Kleid am ersten Abend des Workshops zum Thema Liebesbeziehungen. Ich hatte mich für ein Wochenende angemeldet, das mir eine Verbesserung meiner Beziehungen versprach.

Die Leute um mich herum unterhielten sich angeregt über die anderen Seminare, die sie besucht hatten, und versuchten sich gegenseitig in bezug darauf zu übertrumpfen, was sie ihnen in punkto Selbstverwirklichung gebracht hatten. Vorn im Raum standen zwei Stühle, auf denen ein Mann und eine Frau saßen. Sie baten uns, die erste Person, die wir in dem Raum angeschaut hätten, zu identifizieren. Das sollte dann unser Gefährte für das ganze Wochenende werden. Es würde sich nämlich herausstellen, sagten sie, daß das die Person sei, mit der wir am meisten gemeinsam hätten. Ich sah, wie sich dunkelhaarige Frauen in den Dreißigern anderen Dunkelhaarigen in den Dreißigern vorstellten, während ich mich meinerseits mit meinem Gefährten bekannt machte, einem siebzehnjährigen Ballettänzer mit Namen Jeb, dessen Mutter ihn hergeschickt hatte.

Die beiden auf den Stühlen erzählten uns, daß man die Umstände seiner Geburt sein ganzes Leben lang ständig wiederhole. Ich war mit der Nabelschnur um den Hals geboren worden, und einer der Stuhlleute sagte: »Ich wette, Sie machen sich den Anfang immer unnötig schwer.« Er meinte, wenn ich immer und immer wieder den Satz niederschriebe: »Ich brauche keine Verstrickungen, um mich lebendig zu fühlen«, würde mir das helfen.

Jeb war eine Frühgeburt, und er sollte den Satz schreiben: »Ich muß mich nicht immer abhetzen, um es zu schaffen.« Er erzählte, sein Vater sei wie Archie Bunker, aber ohne jeden Schliff. Die Frau auf dem Stuhl meinte: »Du mußt den Abfall wirklich nicht mehr durchwühlen, wenn er schon auf dem Weg zur Müllhalde ist.« Die Zuhörerschaft applaudierte. »Alles, was an ungelösten Dingen zwischen euch und euren Eltern steht, wird in eurer eigenen Partnerschaft zum Zwecke der Heilung und Befreiung wieder hochkommen«, sagte sie, und es sah nicht so aus, als sei das für irgend jemanden eine gute Nachricht.

Man erklärte uns auch, man müsse dem Universum kundtun, daß man sich etwas wünsche, selbst wenn es ein neuer Freund sei. Dann forderten sie uns auf, niederzuschreiben, was wir von einer neuen Beziehung erwarteten, und am Ende der Seite hinzuzufügen: »Das alles oder etwas Besseres wird mir jetzt zuteil, ganz mühelos und auf angenehme Weise, zum Wohle für alle Beteiligten. Gott, ich danke dir!«

Der Partnerschafts-Workshop endete damit, daß alle auf den Flur hinausströmten und eine Viertelstunde lang miteinander schnauften und hechelten. Das Ganze nannte sich »Rebirthing«. Nach unserer Wiedergeburt gaben uns die beiden auf den Stühlen eine Liste mit den Dingen, die wir tun sollten. Eine Anweisung war: »Schließen Sie sich einer Gruppe von Seelenwanderern an.«

Ich kannte keinen einzigen Menschen, der an die Unsterblichkeit glaubte, geschweige denn eine ganze Gruppe davon, und mir war auch nicht danach, mein Leben lang zu deren Meetings zu laufen. Nichtsdestotrotz ließ ich mir bei der Frau, die diesen Workshop ins Leben gerufen hatte, einen Termin geben.

In ihrem Hotelzimmer standen überall Louis-Vuitton-Koffer und -Taschen. Das signalisiere dem Universum, daß sie alles im Überfluß verdiene, klärte sie mich auf. »Außerdem muß ich mich ständig umziehen«, meinte sie, »weil sich an mir eine Menge Negativität ablädt.« Sie erzählte mir, daß sie zwei Jahre in einer heißen Badewanne geübt habe, um die Technik des *Rebirthing* zu perfektionieren. »Damals hatte ich ein ziemlich großes Aha-Erlebnis«, sagte sie zu mir. »Und zwar die Erkenntnis, daß zwischen der Geburt des Menschen und seinen Beziehungen ein direkter Zusammenhang besteht.« Sie hatte eine Reihe populärer Bücher geschrieben, und sie sagte: »In dem Jahr, als ich ins Rampenlicht der Öffentlichkeit trat, bin ich tatsächlich mit einem Gefühl herumgelaufen, als habe sich mein Kopf aus dem Geburtskanal gedrängt.«

Ich erzählte ihr, daß ich gerade versuchte über eine gescheiterte Beziehung hinwegzukommen. »Ich kann dazu sagen, daß in dem Drehbuch für Ihre Empfängnis der Satz stand, ›Ich bin nicht gewollt‹«, verkündete sie und fügte hinzu: »Also müssen Sie sich jetzt ganz weit für Gott öffnen, um den Gedanken zu festigen, daß Sie in Wirklichkeit erwünscht sind. – Und außerdem sollten Sie wirklich etwas gegen Ihren Selbstmordimpuls unternehmen.« Dann überreichte sie mir ein großes signiertes Photo von sich, ganz so, als sei sie ein Filmstar.

Ich schnappte mir ein Taxi. Auf dem Weg aus der Stadt blieben wir in einem Stau hängen. Der Fahrer riskierte einen Blick auf eine blonde Frau in dem Wagen neben uns. Ich konnte sehen, daß er aus dem Mittleren Osten stammte und fragte ihn, ob er auf amerikanische Frauen stehe. »Nicht mehr«, sagte er und warf mir einen Blick im Rückspiegel zu. »Jetzt gehe ich nur noch mit Ägypterinnen aus, mit Frauen aus meiner Heimat.« Er habe da eine Theorie, erklärte er. Wenn in einer Beziehung große Unterschiede zwischen den beiden Partnern bestünden, sei das immer ein Potential für Mißbrauch. Mein Ex war jünger als ich, und wenn ich sauer wurde, nannte er mich immer eine alte Hexe. Wir fanden Hunderte von Beispielen für seine These, unter anderem eine schwerreiche Frau aus meinem Bekanntenkreis, die ihren Mann wie einen Handlanger behandelte. Als wir am Flughafen ankamen, umarmten wir uns herzlich. Mir kam der Gedanke, daß das genau die Intention war, wie der Workshop über Liebesbeziehungen enden sollte.

Als ich nach Montana zurückkam, sah ich zufällig einen Mann, der aus einem kleinen Lieferwagen Körbe mit frischem Obst verkaufte, und so kaufte ich ein paar Pflaumen. Als ich noch ein Kind war, hatte mich meine Mutter einmal mitten in der Nacht wegen einer Mondfinsternis geweckt. Sie gab mir ein Photonegativ zum Durchgucken und eine Tüte Pflaumen. Das Verschwinden von Mond und Pflaumen war seither für mich untrennbar miteinander verbunden, zusammen mit meinem Vater auf dem Negativ, der in Gestalt eines Schwarzen eine tote Ente hochhielt.

Die verschiedenen Pflaumensorten ergeben verschiedenfarbige Marmeladen, aber alle Farben sind grandios, ob dunkelpurpur, knallrosa oder bordeauxrot. Die Pflaume an sich ist eigentlich keine so besondere Eßfrucht, aber sie läßt sich wunderbar zu einem fruchtigen, geschmeidigen Mus verarbeiten. Beim Einkochen erzielt man das beste Ergebnis mit Produkten, die nicht so süß sind, und einem bleibt nur die Hoffnung, daß das in allen anderen Bereichen genauso ist.

Halb- oder Viertellitergläser

4 Becher geschnittene, entsteinte Pflaumen
3½ Becher Zucker
(1 Becher ca. 16 Eßlöffel)

1. *Die aufgeschnittenen, entsteinten Pflaumen in einen großen Kochtopf geben. Wenn man wesentlich mehr Pflaumen als die 4 Becher zu verarbeiten hat, kocht man die Marmelade portionsweise ein. Auf diese Weise hat man es leichter, weil man es immer nur mit kleinen Mengen zu tun hat. Das widerspricht allerdings dem besten Rat, den ich je gehört habe: Als ich eines Abends über Land fuhr, hörte ich Reverend Ike Harlem im Radio. Er sagte: »Du kannst mit einem Löffel zum Meer gehen, du kannst aber auch mit einem Eimer zum Meer gehen – dem Meer ist das völlig schnuppe.«*

Die Früchte mit einem halben Becher Wasser bedekken und 5 Minuten vor sich hin köcheln lassen, bis sie zu zerfallen beginnen. Den Zucker einrühren und das Ganze ein bis zwei Stunden stehenlassen; notfalls auch über Nacht, falls Sie ruhebedürftig sein sollten.

2. *Die Gläser abspülen und zehn Minuten lang in kochendem Wasser auskochen. In dem heißen Wasser stehen lassen, bis man sie braucht. Die Deckel und Schraubringe mit Wasser bedeckt aufkochen lassen und im heißen Wasser liegenlassen. Diese Prozedur ist bei*

jedem Einmachvorgang erforderlich, und man sollte bei ihr – genauso wie bei anderen Ritualen – einfach die beruhigende Wirkung in den Vordergrund stellen und sie nicht als so langweilig abtun, daß man fast das ganze Einmachen aufgeben möchte.

3. Bei Mittelhitze beziehungsweise schwacher Mittelhitze die Pflaumen-Zucker-Mischung unter ständigem Rühren langsam zum Kochen bringen und etwa 20 Minuten lang kochen lassen; weiterrühren. Ich konnte mich nie dazu überwinden, den Satz über die Verstrikkungen zigmal hinzupinseln, obwohl gerade jetzt genügend Zeit dafür gewesen wäre.

Bevor ich noch etwas über das Prinzip der Selbstbestätigung wußte, war ich einmal in New York in der Privatwohnung eines Zahnarztes. Die Wände des Badezimmers waren mit flauschigem Samt tapeziert. Wenn man das Licht anknipste, ging das Radio an, und am Spiegel klebte ein Abreißzettel mit dem Satz »Du bist wunderschön!« Ich fühlte mich geschmeichelt, doch jetzt glaube ich fast, daß er sich selbst damit gemeint hat. Die Pflaumenmasse müßte jetzt schön dick sein. Geben Sie einen Klecks davon auf ein Tellerchen, und stellen Sie es eine Minute lang in den Gefrierschrank. Wenn die Marmelade dann ziemlich fest ist, so wie Gelee, ist sie fertig.

4. Die Marmelade vollständig abschäumen. Und dann mit einer Schöpfkelle bis etwa einen halben Zentimeter unter den Rand in die heißen, sterilisierten Gläser füllen. Die Ränder mit einem Handtuchzipfel, den man in das kochende Wasserbad taucht, sorgfälltig abwischen. Wenn man die Ränder nicht in dieser Weise säubert, kann es passieren, daß die Gläser nicht luftdicht abschließen.

5. Die heißen Deckel auf die Gläser legen und mit den Schraubringen fest verschließen. Die fertigen Gläser 5 Minuten lang in kochendem Wasser wecken. Die Kochzeit verlängert sich pro 300 Meter über dem Meeresspiegel um je eine Minute.

7

Rhabarbermarmelade

Ich kam zu dem Entschluß, daß es für mich unabdingbar sei, noch einmal für eine Weile dorthin zurückzukehren, wo ich herkam, um Wisconsin und meine Vergangenheit in einem optimistischeren Licht zu sehen, auch wenn USA Today gerade ein farbiges Tortendiagramm veröffentlicht hatte, aus dem hervorging, daß die Leute aus Wisconsin bundesweit die einzigen waren, die mehr Bier konsumierten und dicker waren als noch vor zehn Jahren.

Ich nahm mir vor, auf meiner Reise kurz bei dem Knaben vorbeizufahren, der seine ganze Familie nach einer Kindheit voller seelischer Grausamkeiten erschossen hatte. Der halbwüchsige Junge war in der staatlichen Nervenheilanstalt untergebracht. Wir hatten uns gegenseitig geschrieben, und ich dachte, es würde mir guttun, wenn ich sah, wie es sich in einer solchen Anstalt lebte. Wenn ich mich danach nicht schockartig besser fühlte, war ich eben nicht mehr zu retten, und man konnte mich gleich dabehalten.

Der Junge hatte mich gebeten, aus einem Restaurant etwas mitzubringen, was wir dann gemeinsam essen könnten. Ich besorgte etwas beim Chinesen und kam mit lauter kleinen Boxen an, die erst vor einen dieser Durchleuchtungsschirme gestellt wurden, bevor man mich einließ. Die Wände der Gänge waren leuchtend gelb gestrichen, die Fußböden grasgrün; ein bißchen albern für ein Gefängnis, schien mir. »Du wirst mich umbringen«, sagte ich, als ich merkte, daß ich die Sojasauce vergessen hatte, und hätte den Satz am liebsten sofort zurückgenommen.

Nachdem man uns in einem kleinen Raum eingeschlossen hatte, unterhielten wir uns erst einmal über die markanten Punkte in unserer Heimatstadt, wie zum Beispiel die Highschool, die einen dicken Engel als Maskottchen hat. Im Frühling stellt die Eisdiele am Ortseingang immer ein Schild auf, auf dem so etwas steht wie: »Der Eismann und seine Freunde sind wieder da!«, und dann geht man einfach hin, auch wenn es für ein Eis immer noch viel zu kalt ist. Wir sprachen mit großer Begeisterung über diese Plätze, obwohl ich merkte, daß die Rückblende uns beide mit einem Meer schlechter Erinnerungen an die Zeit, als wir tatsächlich dort wohnten, überschwemmte.

Der Junge erzählte mir von seinem Onkel, »einem schon älteren Typen«, und ich erinnerte mich, daß er in meiner Klasse gewesen war. Er trug tagein, tagaus dieselbe Jacke mit dem Emblem *Ameri-*

kas Farmer der Zukunft. Der Junge berichtete, daß sein Onkel zweimal geheiratet hatte. Ich fing an zu weinen. Der Mensch hier war für den Rest seines Lebens eingesperrt, und ich konnte an nichts anderes denken als daran, daß ich nicht einmal einen Ehemann hatte. »Keine einzige Beziehung klappt bei mir«, schluchzte ich.

Er sah mich verdutzt an. »Zumindest können Sie es versuchen«, sagte er, und ich mußte zugeben, daß das ein gutes Argument war. Als wir zur Tür gingen, rief uns ein netter Mann ein fröhliches Hallo zu. Ich überlegte mir allmählich, ob ich auf die ganze Idee mit der Nervenklinik nicht vielleicht besser hätte verzichten sollen. »Er ist ein Serienkiller«, flüsterte der Junge mir zu. »Er hilft mir dabei, mich auf mein inneres Kind einzulassen.« Mein Ex hatte auch versucht, mit seinem inneren Kind Kontakt aufzunehmen, aber er meinte, er habe herausgefunden, daß in ihm ein ganzer Kindergarten wohnte.

Als ich wegfuhr, hielt ich beim Fahren den Kopf aus dem Fenster, wie ein Hund. Während ich nordwärts durch Wisconsin kutschierte, hörte ich im Radio die *Dan Mack Show,* eine Anrufsendung für Teenager in Not. Die Kids beschreiben zum Beispiel, wie ihre Mütter sie in Wandschränke sperren und ihnen Katzenfutter zu essen geben, und Dan nennt sie dann »Kumpel« und erzählt ihnen, daß alles wieder gut werden wird. Dann rufen ältere

Leute an und bieten an, für die Kids zu beten. Irgendwie schien das tatsächlich zu helfen, und ich spürte, wie eine Welle von Schuldgefühlen über mich hinwegschwappte. Ich hatte seit Monaten meinen Anrufbeantworter laufen. Selbst wenn ich da war, gab ich vor, weg zu sein. Es war nur eine Kleinigkeit, aber ich versprach mir, mein Telefon wieder abzunehmen und den Leuten zu sagen, daß ich sie mag.

Kurz bevor ich meine Heimatstadt erreichte, fuhr ich an einer Farm vorbei, auf der ich früher öfter mit meinem Vater gewesen war. Er fuhr damals ein Cadillac-Kabrio, das er allerdings die meiste Zeit verlieh, damit die Königinnen bei den Paraden darin kutschiert werden konnten. Im Frühsommer fuhren wir damit immer zu dieser Farm und holten uns sackweise Rhabarber. Einmal wiesen sie ihn ab, und als wir das nächste Mal hinfuhren, erklärte er mir, daß er gerade die ganze Farm gekauft habe. Rhabarber hat Blätter so groß wie Elefantenohren, aber zum Einmachen verwendet man nur seine rosafarbenen Stengel. Wenn Rhabarber reift, werden diese Stangen holzig und bitter, was mich eigentlich schon vor langer Zeit hätte lehren müssen, daß manche Dinge mit der Zeit einfach sauer werden und daß man dagegen schlichtweg nichts machen kann.

Viertellitergläser

5 Becher Rhabarber
2 Orangen
5 Becher Zucker
1 gestrichener Teelöffel Zimt
½ gestrichener Teelöffel Gewürznelken

1. Ein Bündel Rhabarberstangen in Stücke schneiden. Aufpassen, daß der Rhabarber wirklich jung ist. Mit anderen Worten, ziehen Sie nur Stangen mit kleineren, frischen Blättern und nicht die großblättrigen Stengel. Rhabarber ist vielleicht die genügsamste Pflanze, die man anbauen kann, aber aus ihr lassen sich eine Menge Dinge zaubern.

2. Die Orangen schälen und mit Hilfe eines Mixers oder eines Schnitzelwerks vermusen – nicht die Schalen, nur das Fruchtfleisch. Die Gläser abspülen und 10 Minuten lang in kochendem Wasser sterilisieren. In dem heißen Wasser stehenlassen, bis sie gebraucht werden. Die Deckel und Schraubringe mit Wasser bedecken, aufkochen lassen und beiseite stellen.

3. Den Rhabarber und das Orangenmus zusammen mit dem Zucker bei schwacher Hitze langsam zum Kochen bringen. Wenn Sie die Marmelade würzig lieben, Zimt und Nelken dazugeben, wenn nicht, können Sie sich entspannt zurücklehnen. Ungefähr 35 Minuten lang kochen lassen, bis der Brei fest ist, aber nicht gerade wie Beton. Stir it up, um sich der Worte des späten Bob Marley zu bedienen.

Ich habe Marley vor langer Zeit einmal interviewt, und abgesehen von seinem starken Akzent und der Tatsache, daß er jeden Satz mit den Worten »Ich und ich« begann, bekam ich nichts mit von dem, was er sagte. Wir saßen also in einem Zimmer und aßen aus einer großen Schale eine Orange nach der anderen, während mein Tonband mitlief. Obwohl ich aufgehört hatte, ihm Fragen zu stellen, schien er nicht den Wunsch zu haben, sich zu absentieren, und ich natürlich erst recht nicht. Seine Frau Rita huschte kurz herein, und als sie wieder weg war fragte ich ihn, ob das seine Frau gewesen sei. Er lächelte und sagte: »Meine echte Frau«, oder so etwas Ähnliches. Ich wußte, er meinte, er liebe uns alle, und daß die Dinge für Rita manchmal nicht so einfach waren. – Den kochenden Sirup von der Flamme nehmen und abschäumen. Sollten zufällig noch ein paar Schaumbläschen in die Gläser gelangen, mit einem Teelöffel abschöpfen.

4. Die Marmelade bis etwa einen halben Zentimeter unter den Rand in die abgetrockneten heißen Gläser füllen. Die Glasränder mit einem Handtuchzipfel, den Sie vorher in das heiße Wasserbad tauchen, abwischen. Die heißen Deckel auf die Gläser legen und die Schraubringe fest zudrehen. Die fertigen Gläser noch 10 Minuten lang in dem kochenden Wasser sterilisieren.

8

Mamas Apfelkompott

Als ich beim Haus meiner Mutter ankam, lagen im Obstgarten überall Äpfel auf dem Boden. Obwohl wir uns noch nie so viel wie diesmal unterhielten, kochten wir nebenher Apfelkompott ein, und ich war fasziniert davon, mit welcher Sorgfalt und Geduld sie alles machte, so als arbeiteten wir in einem Labor. Zum allerersten Mal erzählte sie mir, daß die glücklichsten Jahre ihres Lebens nach ihrer Scheidung begonnen hatten. Mein Vater war ein smarter Typ, aber er explodierte leicht. Ich erzählte ihr, daß ich einmal zufällig mitangehört hätte, wie sich eine Frau über die Notwendigkeit ausließ, ganz klare Grenzen zu setzen. »Ich habe ihm gesagt, daß ich gehen werde, wenn er mich noch einmal mit der Faust ins Gesicht schlagen sollte«, hatte sie gesagt. Immerhin war mein Vater dynamisch, und er bildete sich ein, aus einem einfachen Dampfschiff ein riesiges gutgehendes Restaurant machen zu können. Auf den Hinweisschildern entlang des Highways stand: »Buchen Sie eine Ausflugsfahrt, und entspannen Sie sich in der berühmten Marinebar auf dem Dampfer ›Round the

Bend«. Ich arbeitete immer als Kellnerin für meinen Vater, und meine Haltung in Beziehungen hatte eine Menge mit gutem Service zu tun. Als er dann später umbaute, wurden die alten Restauranttüren zu uns nach Hause geschafft. Daraufhin konnte man durch die Bullaugen von einem Zimmer ins andere sehen. Es war, als lebten wir auf der *Titanic*.

Meine Mutter war Skandinavierin. Unser Haus hatte den Charme eines Bergmann-Films. Sie hatte auf dem College Chemie studiert, und in dem Einmachbüchlein, das sie mir schenkte, hatte sie seit den Fünfzigern Jahr für Jahr ausgerechnet, wieviel Pfund Äpfel und Zucker sie verarbeitet hatte und wie groß die genaue Ausbeute gewesen war. Es sah aus wie eine sinnlose Zahlenspielerei, doch ich wußte aus meiner eigenen Erfahrung, daß all die Seiten voller Zahlen wahrscheinlich nichts anderes als die seltenen Zeiten der Ruhe repräsentierten.

Einer meiner älteren Nachbarn war Vertreter geworden. Er hatte mir eine Kassette gegeben, die ich mir auf meiner Fahrt gen Westen anhören sollte. Es handelte sich um eine Rede, die jemand bei einem ihrer Seminare gehalten hatte. Der Sprecher dozierte, es gebe drei Stichworte, an die man denken müsse, wenn man jemanden von sich überzeugen wolle: empfinden, empfunden und gefunden. »Ich weiß, was Sie empfinden«, sagte er und erklärte, wie man es sagen müsse. »Ich habe genauso empfunden. Und das ist die Lösung, die ich gefunden habe.« »Einmachen«, sagte ich vor mich hin und versuchte genauso begeistert zu klingen, wie der Typ auf dem Band.

Zurück in Montana wurde mir klar, daß mein Apfelkompott niemals so gut werden würde, wie das meiner Mutter, und ich fragte mich gerade, ob das Talent zum Kochen immer direkt proportional zu der Zeitspanne war, die man in einer schlechten Beziehung gelebt hatte, als es an der Tür klingelte. Ich spähte aus dem Fenster und sah einen Mann, der mindestens achtzig Jahre alt war. Ich bemerkte, daß das karierte Hemd und die Jeans, die er trug, gebügelt waren und daß er ein Tuch um den Hals geschlungen hatte. Es berührte mich, daß jemand so auf seine äußere Erscheinung achtete. Ich trug ein und dasselbe Sweatshirt so an die drei Monate, und mein Kummer war nur zum Teil der Grund dafür.

Ich hatte das von meinem Vater. Er hatte immer dieselben Klamotten an: eine dunkle Khaki-Hose und ein weißes Baumwoll-T-Shirt. Das klingt heute so ein bißchen nach James Dean, aber damals trugen selbst die Vertreter, die in unserer Bar herumlungerten und ihren Martini tranken, Anzüge. Das Schlimmste daran war, daß er immer, wenn er auftauchte, gerade irgendeine Reparaturarbeit, zum Beispiel am Geschirrspüler, ausgeführt hatte, und einige Vertreter dem Barkeeper mehr als einmal zuraunten, der Putzgehilfe habe gerade einen Rum mit Soda geklaut. Mein Vater scherte sich einen Dreck darum, und ich flog nur auf Männer von einer derart sorglosen Unbekümmertheit.

Als ich noch bei der Zeitung arbeitete, war ich ein Jahr lang mit einem entsprechend schlampigen Typ – einem anderen Redakteur – liiert. Eines Tages rief mich meine Abteilungsleiterin zu sich ins Büro. Sie weinte und sagte, sie müsse mir ein Geheimnis anvertrauen. Sie träfe sich seit einem Jahr mit jemandem, der bei uns arbeite. Sie erzählte mir, wer es war. Ich hatte dasselbe Geheimnis. Ich bin danach nie wieder richtig gern zur Arbeit gegangen. Er machte zwar Karriere und bekam einen Job beim Fernsehen, aber ich stellte fest, daß er einen nervösen Tick entwickelt hatte: Wenn er sich unterhielt, wackelte er immer mit dem Kopf.

Ich selbst landete in Montana. Ich hatte mir ein Haus gekauft, ohne dort irgendeine Menschenseele zu kennen. Ich wollte unbedingt weg von New York, weg von dem Krach und dem Schmutz und der Einsamkeit. Als ich mit dem Möbelwagen in Richtung Westen fuhr und durch all die kleinen Städtchen mit Namen wie Moccasin und Pony kam, zwischen denen nichts als endlose Weiten lagen, da wußte ich, daß es auch hier schwer werden würde, wenn auch auf eine andere Art. Und ich habe recht behalten. Die ganz normalen Dinge des Alltags – wie zum Beispiel einkaufen fahren – flößten mir zwar weniger Angst ein, doch dafür erwarteten mich dort noch mehr Einsamkeit und Leute, die wie die letzten Spießer gekleidet waren.

»Ich wohne da drüben«, sagte der Mann an der Tür und deutete die Straße hinunter. »Ich möchte Ihnen gern etwas geben.« Er überreichte mir eine Tüte mit Salat und ein Flugblatt von der Regierung über die Wichtigkeit von grünem Blattgemüse. Und dann sagte er plötzlich aus heiterem Himmel, er würde für mich beten, ganz so, als seien wir in der *Dan Mack Show*.

Ich schloß die Tür. Andere Leute bekamen einen Mann und Kinder; ich bekam eine Tüte Salat. Ich kauerte mich auf den Boden und schluchzte. Das Schlimmste bei meinem Bemühen, mich selbst aus dem tiefen Loch zu ziehen, waren die Tage, an denen es so schien, als sei ich kein Stückchen vorangekommen.

Halblitergläser

ca. 2 Dutzend zum Einkochen geeignete Äpfel
zum Beispiel Jonathan oder Boskop
weißer oder brauner Zucker
Zimt
Gewürznelken
Einmachgewürz

1. Die Äpfel waschen; das Kerngehäuse aus der Mitte herausschneiden und den Stiel entfernen. In Viertel oder Achtel schneiden. Die Äpfel nicht schälen. Das Pektin, das das Mus gelieren läßt, sitzt nämlich direkt unter der Schale der Frucht. Mit so wenig Wasser wie möglich zum Kochen bringen, das heißt, man gießt gerade so viel an, daß nichts auf dem Boden des Topfes ansetzt. Versuchen Sie es mit einem halben Becher. Mit möglichst wenig Wasser zurechtzukommen, ist wahrscheinlich erst einmal eine Umstellung. Die Äpfel in dem Wasser köcheln lassen, bis sie anfangen weich zu werden, und dann zermatschen.

2. Die Gläser abspülen und 10 Minuten lang in kochendem Wasser sterilisieren. In dem heißen Wasser stehen lassen, bis sie gebraucht werden. Man kann sie aber auch auf einem Metallrost in einen heißen Backofen schieben. Kochendes Wasser über die Deckel und Schraubringe gießen und ebenfalls stehenlassen.

3. Wenn die Äpfel richtig vermust sind – das dauert etwa eine Stunde –, die Masse durch eine Flotte Lotte drehen. Man kann sie natürlich auch durch ein Haarsieb passieren. Allerdings macht es richtig Spaß, das Zeug durch die Flotte Lotte zu quetschen, was ich mir bei einem Sieb nicht so ganz vorstellen kann.

4. Das passierte Mus abmessen und je Becher Fruchtmasse einen halben Becher Zucker hinzufügen. Das Ganze in einem großen Topf oder in einem Kessel vermischen und 2 Teelöffel Zimt, 1 Teelöffel Gewürznelken, ½ Teelöffel Einmachgewürz hinzugeben (beziehungsweise nur die Hälfte davon, falls Sie es nicht so streng mögen). Abschmecken, um zu sehen, ob es richtig ist. Vertrauen Sie ihrem Urteil.

5. Das Ganze bei schwacher Hitze einkochen. Ständig rühren, bis der Zucker sich ganz aufgelöst hat. Ungefähr eine Stunde bei schwacher Hitze weiterkochen lassen und immer mal wieder umrühren. Hängen Sie sich während des Rührens doch einfach ans Telefon. Sollten Sie allerdings keine Freunde mehr haben, weil keiner es mitansehen konnte, wie dieser Typ Sie behandelt hat, dann rühren Sie eben nur und denken über diesen Umstand nach. Gegen Ende muß häufiger gerührt werden, damit das Kompott nicht am Boden des Topfes anbrennt. Spätestens jetzt beginnt es an die Decke zu spritzen. Zumindest läßt sich dieses Chaos ohne Therapie beheben. Das Kompott ist fertig, wenn es richtig dick ist, das heißt, wenn Sie einen Klecks davon auf einen Teller geben, darf sich kein Wasserrand drum herum bilden.

6. Das Apfelkompott bis etwa einen halben Zentimeter unter den Rand in die trockenen, heißen Gläser füllen. Einen Handtuchzipfel in kochendes Wasser tauchen und damit die Glasränder abwischen. Die heißen Dekkel auf die Gläser legen und mit den Schraubringen fest verschrauben. Die fertigen Gläser 5 Minuten lang (plus zusätzlich je einer Minute pro 300 Meter über dem Meeresspiegel) in das kochende Wasser stellen. Danach nicht mehr an den Schraubringen herumdrehen, die Gläser nicht auf den Kopf stülpen, und auch sonst nichts mehr daran tun. Fini.

9

Rotes Paprika-Chutney

Einmal besuchte ich einen Mann in Billings, der mir erlaubte, stundenlang in seinem Antiquitätengeschäft herumzustöbern; ich sah mir alte Straßenkarten an. Währenddessen rief eine Frau an und erzählte, daß ihr Mann gestorben sei und daß sie ein paar Schüsseln verkaufen wolle. Wir kletterten in seinen El Camino und fuhren kreuz und quer, bis wir sie endlich vor einem Wohnwagen in einem Liegestuhl aufspürten. Sie war schwerhörig, und sie hatte Hexenschuß – und einen kleinen Hund, der sich an meinem Hosenbein festbiß. »Ich möchte mein Leben weiterleben«, schrie sie und meinte damit offensichtlich ein Leben ohne irgendwelche Schüsseln. »Puff!« rief sie, aber der Hund kam nicht, und so blieb mir nichts anderes übrig, als ihn beim Gehen an seiner Schnauze mitzuzerren. Sie ließ uns in den Wohnwagen steigen, der mit alten Zeitungen vollgestopft war, die in der Mitte nur einen schmalen Gang freiließen, durch den man sich hindurchzwängen konnte. Dahin führt es also, wenn man sich von nichts trennen kann, dachte ich. Es war offensichtlich, daß die Frau versuchte, eine neue Seite ihres Lebens aufzuschlagen, und so kauften wir alle Schüsseln. Ich bekam eine riesige Steingutschüssel mit flachem Boden, die man vielleicht gebraucht hätte, wenn man Brot für eine ganze Armee hätte einteigen wollen. Mir war klar, um Verwendung für diese Schüssel zu finden, würde ich mein ganzes Leben ändern müssen.

Sie verkaufte mir für drei Dollar einen Karton alter Einmachgläser mit toten Bienen drin. Ich schleifte Puff mit zu unserem El Camino. »Machen Sie noch ein?« fragte ich.

Sie schüttelte den Kopf. »Da machen meine kleinen grauen Zellen nicht mehr mit.«

Um meine Probleme aus meinen Gedanken zu vertreiben, hatte ich angefangen, alles mögliche zu sammeln. Ein Zimmer war mittlerweile zu einem Depot stimmungsvoller Blumenbilder in Öl umfunktioniert worden, während ein zweites mit handkolorierten Photographien von Wasserfällen in zu hellen Farben vollgestopft war. In der Küche war schon kein Platz mehr für all das Geschirr aus den dreißiger und vierziger Jahren, für all das Russell Wright- und Red Wing-Porzellan. Ich hatte zwar nur ein Bett, aber jetzt hatte ich Dutzende von gebrauchten Schlafsäcken aus Flanell, einen sogar mit einem Rennwagenmuster. Ich besaß eine Million Picknickkörbe, obwohl ich seit Jahren nicht mehr picknicken war. Und für deren Ausstattung kaufte ich stapelweise Tischdecken mit Blümchenmuster aus den vierziger Jahren. Ich hatte genügend Gläser mit Blumen- oder Hundemotiven, um die Armee, die ich erwartete, wenn ich Brot backen lernte, mit Drinks zu versorgen. Auf meinem Schreibtisch standen an die hundert kleine Buddelschiffe aus Plastik, und draußen war der ganze Garten mit diesen handgeschnitzten Vögeln auf Stöcken bevölkert. Das war jedoch nur die Spitze des Eisbergs von all dem Zeug, das ich gekauft hatte. »Sie kommen mir vor wie Martha Stewart auf 'nem Trip«, rief mein Nachbar mir zu, als ich einen weiteren Kardinal zwischen die Gänseblümchen steckte.

Wieder zurück im Laden, fiel mir eine alte Schwarzweiß-Postkarte von einem Felsenkliff in die Hände. Die Unterschrift hieß »Die Kuh in einer Milchkanne«, aber ich konnte – selbst wenn ich die Augen zusammenkniff – weder eine Kuh noch eine Milchkanne erkennen. Der Typ in dem Laden versuchte meine Aufmerksamkeit auf sich zu lenken. Er hielt einen Schlafsack hoch, auf dem Raumschiffe den Jupiter umkreisten. »All das Zeug gehört einem nur so lange, wie man es besitzt. Es gehört einem nicht ewig. Man freut sich dran, und dann hofft man, daß der nächste Besitzer es genauso schätzt«, sagte er. Mir kam plötzlich in den Sinn, daß es vielleicht zweckmäßig wäre, diese Philosophie auch auf Beziehungen anzuwenden, und als ich wieder auf die Karte runterschaute, sah ich die Kuh staksig in einer riesigen Milchkanne stehen.

Da man aus roter Paprika so etwas wie ein neumodisches Kompott fabrizieren kann, bietet sie sich besonders dann als Objekt an, wenn man sich bei der ganzen Einmacherei möglicherweise wie seine eigene Großmutter vorkommt. Auf der anderen Seite kann die Tatsache, daß man sich beim Einmachen – genauso wie beim Sammeln – in eine andere Zeit versetzt fühlt, natürlich auch eine Erleichterung sein, nämlich dann, wenn die eigene Geschichte so gestrickt ist, daß man so viel Abstand wie möglich gewinnen will.

Viertellitergläser

2½ rote Paprikaschoten
3 oder 4 scharfe Chilis
2 Becher Apfelweinessig
2 Teelöffel Salz
2 Teelöffel Chilipulver
10 Becher Zucker
⅔ Becher Zitronensaft
1 Fläschchen Pektin
(ca. 180 Milliliter)

1. *Es empfiehlt sich, beim Aufschneiden der Chilischoten Gummihandschuhe zu tragen. Auf diese Weise schonen Sie Ihre Hände. – Die Paprika- und Chilischoten aufschneiden; Samen und weiße Rippen entfernen. Alle Schoten in einen Mixer geben – die älteren Modelle sehen wie wahre Wolkenkratzer aus –, und die Maschine so lange laufen lassen, bis alles ganz fein zerhackt ist. Ich erstand meinen Mixer in einem Pfandhaus in Billings, und zwar von einer Frau mit dem Namen Charlotte, die meinte, ich sähe aus wie ein Filmstar, weil ich meine Sonnenbrille im Laden nicht abnahm. Das tat ich jedoch nicht aus Gründen des Stylings, sondern nur, weil ich so viel weinte. Allerdings heulte ich zu der Zeit, als ich noch mit meinem Freund ging, tatsächlich noch weitaus mehr als nach seinem Abgang.*

Es müßten etwa 4 Becher dieser Häckselmasse her-

auskommen. Die Gläser abspülen und anschließend 10 Minuten lang in kochendem Wasser sterilisieren. In dem heißen Wasser stehenlassen, bis sie gebraucht werden. Die Deckel und Schraubringe in einem kleinen Topf mit Wasser bedeckt einmal aufkochen lassen und ebenfalls im Wasser belassen.

2. Die gehackten Schoten in eine Kasserolle schütten und zum Kochen bringen. Unter gelegentlichem Umrühren 10 Minuten lang kochen lassen. Den Zucker zusammen mit dem Zitronensaft, dem Essig, dem Chilipulver und dem Salz hinzufügen. Noch einmal aufkochen lassen.

3. Das Pektin einrühren und nur eine Minute lang kochen lassen. Den kochenden Sirup von der Flamme nehmen und mit einem Metalllöffel abschäumen. Sie werden es mit einer richtig zähen Schaumschicht zu tun haben, und Sie müssen den Löffel schon ordentlich schlackern, um den Schaum zu entfernen. Die abgetrockneten, heißen Gläser bis etwa einen halben Zentimeter unter den Rand mit dem Chutney füllen.

4. Einen Handtuchzipfel in das kochende Wasserbad tauchen und die Glasränder damit abwischen, das heißt, die Gläser von allen Spritzern befreien. Die heißen Deckel auf die Gläser legen und mit den Schraubringen fest verschrauben. Die fertigen Gläser 10 Minuten lang in kochendem Wasser sterilisieren. So, das wär's. Wahrscheinlich denken Sie jedesmal, Sie hätten vielleicht mehr tun können. Was Ihnen allerdings wirklich Kopfschmerzen bereitet, ist mitnichten der Zweifel an Ihrer Arbeit, sondern viel mehr das Akzeptieren der Tatsache, daß Sie jetzt nichts mehr tun können. Nach drei, vier Stunden auf jedes einzelne Glas klopfen, um sich zu vergewissern, daß es auch luftdicht verschlossen ist.

10

Süßsauer eingelegte Wassermelonenschale

Ich kam zu dem Entschluß, endlich damit aufzuhören, alles und jedes analysieren zu wollen. Vielleicht, überlegte ich, brauchte ich ja einfach nur einen Tapetenwechsel. Und so reiste ich ab, um eine Weile auf einer Randinsel der Bahamas zu leben. Ich half als Tauchlehrerin in einer Ferienanlage aus, die sich bedeutungsvoll *Kleine Hoffnung* nannte. Sie war für die Öffentlichkeit für eine Woche dicht gemacht und von einem Psychologen für einen Workshop übernommen worden, der, nach ihm benannt, Wiley Lab, hieß. Über vierzig Leute waren von überallher angereist, und die meisten von ihnen waren wasserscheu. Es gehörte mit zu dem Programm, tauchen zu lernen.

Am ersten Nachmittag stand ich auf dem Boot und hievte Sauerstoffflaschen an Bord. Es waren schon fast alle auf dem Boot, nur eine ältere Frau in einem blauen Badeanzug bummelte noch auf dem Anlegesteg herum. »Wir sind soweit. Wenn Sie einsteigen, können wir los«, rief ich. Die Frau guckte mich nur an.

»Ich muß aber nicht«, erwiderte sie.

»Nein, Sie müssen nicht«, sagte ich, »aber wir wollen gleich ablegen.«

Sie beugte sich nach vorn, so daß ich ihr Namensschild lesen konnte: »Ich muß nicht«, stand darauf. »Wir haben uns alle Namen ausgesucht, die etwas mit den persönlichen Problemen zu tun haben, an denen wir diese Woche arbeiten«, erklärte sie.

Sie kletterte mit einem Mann mittleren Alters ins Boot, auf dessen Namensschild »Kastriert« stand. Auf meinem Weg zur Pier kam ich jeden Morgen am Speisesaal vorbei, und ich konnte die Teilnehmer dort immer bellen und heulen hören. Dann kamen sie heraus zum Tauchboot und hatten jedesmal neue Namen auf ihren Stickern. Der Mann, der sich selbst »Kastriert« genannt hatte, hieß auf einmal »Angsthase«.

Ich hatte meinen Bungalow möbliert gemietet, und es hatte den Anschein, als seien dort sämtliche morschen Möbel der Insel eingelagert. Das Wohnzimmer war zwar klein, aber dennoch mit vier Sofas ausgestattet, wovon eins mit goldglitzerndem Azetat mit Paisleymuster und ein anderes mit dunkelbraunem Wollstoff mit Schottenkaro bezogen war. Im Schlafzimmer war eine ganze Wand mit kaputten Frisiertischen vollgestellt. In einer Ecke standen sogar zwei voreinander. Abgesehen von dem achteckigen Cottage, in dem der Verwalter mit seinen eigenen Möbeln wohnte, die allesamt noch in den Plastikbezügen vom Transport steckten, sahen alle zehn Bungalows fast genauso aus wie meiner. Mit ihren Palmen und Hibiskusbäumen rundherum erinnerte mich die Anlage an die Bilder von den Caravan-Parks in Florida, die über der Einfahrt mit einer großen orangefarbenen Sonne werben.

Den Bungalow neben mir bewohnte eine Frau namens Cinderella. Auf ihrem Wohnzimmerfenster klebte ein großer, rechteckiger Aufkleber mit der Botschaft »Der Heilige Geist ist eine Macht!« Durch die Wände konnte ich Gospelmusik aus ihrer Stereoanlage hören. Als ich einmal zu ihr hinüberging, um mir einen Mop auszuleihen, lag sie gerade mit einem Gesangbuch in der Hand auf dem Sofa und sang: »Das alte abgewetzte Kreuz«. Sie hatte drei kleine Jungen, die es immer wieder auf meine Veranda zog, um mich durch das Fenster anzustarren, als sei ich Bruce Springsteen.

Zu meiner Nachbarschaft gehörte auch eine junge Lehrerin aus Irland. Eines Tages kam sie zu mir herüber und fragte mich, was ich davon hielte, daß ihre Studenten als Tageshymne »Ich hab 'ne Tante in Marokko« singen wollten. Sie erzählte mir, daß sie gern fliegt. Am meisten würde sie sich jedesmal auf den Augenblick freuen, wenn die Stewardessen verkündeten, daß es Zeit sei, die Wollsocken anzuziehen. Dann gab es da noch eine ältere Amerikanerin, die immer einen weißen Rettungsgürtel wie eine Wurst um die Taille trug, wenn sie ins Wasser ging – obwohl das Wasser nur einen halben Meter tief war. Sie bat mich, im Wasser ein Auge auf sie zu haben. Ich mußte unwillkürlich an den Film mit Baby Jane denken.

Ich hatte in meiner schlechten Beziehung die Schotten dicht gemacht und alle guten Freunde von mir weggestoßen. Dies war seit Jahren das erste Mal, daß ich wieder Menschen um mich hatte. Am liebsten war mir die Gesellschaft eines Tierarztes aus Guayana. Er operierte auf meinem Wohnzimmertisch Katzen und Hunde und erklärte mir immer alles ganz genau, so als sei ich eine Medizinstudentin. Und es war auch ein bißchen romantisch. Einmal – er anästhesierte gerade Scuppy – sangen wir beide den Text einer Luther Vandross-Platte mit. Nach der Operation setzten wir uns, den bewußtlosen Scuppy ohne Hoden zwischen uns, an den Tisch und aßen Wassermelone.

Zu Hause konnte ich die Türen verriegeln und mich der Illusion hingeben, die Welt ausschließen zu können. Doch hier auf der Insel war das Haus wie ein Backofen, wenn ich die Türen nicht weit offen stehen ließ. Die bedrohlichen Dinge waren zwar kleinerer Natur, aber sie spazierten ungeniert in mein Reich – Bananenspinnen, Landkrabben, Stechameisen … Nichtsdestotrotz fühlte ich mich sicherer, und ich wußte, das kam daher, weil ich dagegen wehrlos war.

Nach einigen Monaten ging ich zurück nach Montana. Wann immer ich Wassermelone aß, mußte ich an den Tierarzt und gelegentlich auch an Scuppy denken. Es ist übrigens schon irgendwie abartig und grenzt fast an krankhafte Sparsamkeit, wenn man den Teil der Wassermelone, der normalerweise auf dem Teller zurückgelassen wird, weiterverwertet und einmacht. Aber das ist genau der Teil, den man für die folgenden Pickles braucht.

Halbliter- oder Litergläser

Wassermelonen
Spezialsalz für Pickles

Für den Aufguß
6 Becher Zucker
(1 Becher ca. 16 Eßlöffel)
4 Becher Wasser
2 Becher Essig
2 Teelöffel Zimt
2 Eßlöffel Einmachgewürz, ungemahlen
1½ Teelöffel gemahlene Gewürznelken
1 Teelöffel gemahlener Ingwer

1. Die dunkle äußere Schale abschälen. Auf der Innenseite das rosa Fruchtfleisch vollständig wegschneiden. Sie können natürlich auch jedem, der gerade eine Wassermelone ißt, auflauern und hinterher die Schalen, die er auf dem Teller zurückgelassen hat, einsammeln. Für die Pickles wird ausschließlich die hellgrüne Rinde verwendet. Die Rinde in etwa 2,5 cm große Würfel schneiden. Die Würfel mit Salzwasser bedeckt über Nacht stehenlassen.

2. Die Gläser sterilisieren. Kochendes Wasser über die Deckel und Schraubverschlüsse gießen und im Wasser liegenlassen. Die Zutaten für den Aufguß in einem emaillierten oder korrosionsbeständigem Metalltopf vermischen und aufkochen lassen.

3. Das Salzwasser abgießen und die Melonenwürfel in die Gläser schichten. Packen Sie die Würfel so dicht wie möglich in die Gläser. Anschließend den Aufguß bis etwa einen Fingerbreit unter den Glasrand über die Rindenstückchen gießen.

4. Den Zipfel eines Handtuchs in das kochende Wasserbad tauchen und damit die Glasränder sorgfältig abwischen. Die heißen Deckel auf die Gläser legen und die Schraubringe fest zudrehen. Die fertigen Einmachgläser 20 Minuten lang (plus zusätzlich je einer Minute pro 300 Meter über dem Meeresspiegel) in dem kochenden Wasser sterilisieren. Die Pickles 6 Wochen an einem kühlen, dunklen Ort durchziehen lassen und dann verschenken.

11

Rotes Johannisbeergelee

Auf einem Flug lernte ich einen Dermatologen kennen, der sich mit plastischer Laserchirurgie befaßte. Der Arzt meinte, ich wäre begeistert, wenn ich miterleben könnte, wie sich seine Patienten veränderten. »Schauen Sie in diesen Spiegel, und sagen Sie mir, was Sie an sich besonders hassen, wenn Sie morgens aufstehen.« Ich betrachtete mich angestrengt. »Na ja, vielleicht diese Säcke unter meinen Augen«, sagte ich, um kein Spielverderber zu sein.

Er sah mich überrascht an. »Ich hätte eher auf die vielen tiefen Linien überall in Ihrem Gesicht getippt.«

Von dem Moment an haßte ich mein Aussehen. Ich war auf dem Weg nach Los Angeles, und deshalb beschloß ich Cara zu besuchen. Ich sprach mit ihr darüber, daß ich abnehmen müßte. Sie rollte mit den Augen. »Ihr weißen Frauen steht immer schon kurz vor dem Selbstmord, wenn eine schwarze Frau gerade mal erst anfängt, sich Gedanken darüber zu machen, ob sie vielleicht eine Diät machen sollte.«

»Wir müssen was für Deine Lebensfreude tun«, meinte sie und stieg mit mir ins Auto. Sie erklärte mir, daß wir einen Termin bei einer Wahrsagerin hätten, die sie schon länger kannte. Wir betraten ein kleines Zimmer, und die alte Frau erzählte mir, daß alle Wesen in der spirituellen Welt um mich herumständen.

»Ihre Großmutter setzt Ihnen gerade alle möglichen Hüte aufs Haupt«, fuhr die Frau fort. »Sie sagt, Sie dürften Ihr Haar nie grau werden lassen.« Ich konnte nicht glauben, daß ich sogar von den Geistern Schönheitstips bekam. »Der letzte Mann hat Ihnen Ihr Herz aus dem Leib gerissen, aber der nächste wird schon sehr bald auftauchen.« Sie lächelte. »Er ist ziemlich grau.«

»Grauhaarig?« fragte ich.

Sie sah in ihre Geisterwelt und rümpfte die Nase. »Er sieht wie eine graue Maus aus«, erklärte sie.

»Na toll«, begeisterte ich mich, und wir verabschiedeten uns.

»Schließ das Kapitel doch endlich ab«, sagte Cara.

»Ich meine, gibt es für dich denn kein höheres Ziel? Dann ist es nämlich völlig egal, wer um dich herum ist. Verwirkliche dich selbst. Du bist so schrecklich darauf fixiert, jemanden zu finden. Du siehst dir die Männer nicht einmal an, und dann fragst du dich, warum es in die Hose geht. Es ging immer in die Hose!«

Wir fuhren zu einem Pic N Save-Markt und waren so sehr in ein Gespräch vertieft, daß wir die ganze Zeit nur einen leeren Einkaufswagen vor uns her schoben. Schon bald bemerkte ich, daß uns eine Frau mit einem ebenfalls leeren Wagen folgte, die sich vorbeugte, um mitzuhören. »Es ist dein Geist, der dich dort hinführt, wo die gebrochenen Herzen sind, und im Endeffekt mußt du dann, doch wieder allein auf dich gestellt, sehen, wie du da rauskommst und dein Leben meisterst. Also warum nicht gleich. Nur so lernst du, wirklich glücklich zu werden«, sagte Cara gerade. Ich wußte, daß ich ihr so bereitwillig zuhörte, hatte etwas mit meiner Verbindung zu der Plattenfirma Motown zu tun. Die Musik der Schwarzen hatte den Anstoß zu meiner sogenannten Karriere gegeben, und deshalb war ich auch immer ganz Ohr, wenn Schwarze mit mir über andere Dinge redeten. Ich spürte, daß sie irgendein Geheimnis hatten, und aus dem Wunsch heraus, dieses Geheimnis für mich selbst zu entdecken, klinkte ich mich – ich, die ich in einem Haus aufgewachsen war, wo man das Wort Gott nur in den Mund nahm, wenn man etwas vermasselt hatte – immer in ihre Gespräche ein, ganz gleich, wie bizarr sie auch wurden.

Wir fuhren mit unserem Wagen weiter, und plötzlich ließ die Frau hinter uns ihren eigenen Wagen stehen und gesellte sich zu uns. »Du bist ein Zug auf einem Gleis«, sagte Cara und wandte sich dabei mehr an die Fremde als an mich. »Der Zug nimmt Leute auf und fährt an Leuten vorbei. Manchmal fährt ein kleines Auto neben dir her; vielleicht verschwindet es wieder, vielleicht kommt es aber auch nochmal zurück. Du hast keinen Einfluß darauf, wer kommt und für eine gewisse Zeit an deiner Seite fährt.« Die Fremde nickte.

»Alles gehört zu einem großen Puzzle, ist ein Schlüssel zu irgend etwas, was du nur verstehen wirst, wenn du auf dem Gleis bleibst«, sagte Cara, hakte sich bei der Fremden ein und spazierte mit ihr davon. Es war nicht das erste Mal, daß ich zwei schwarze Frauen sah, die sich fast augenblicklich wie Schwestern behandelten. Ich fühlte mich ernüchtert; ich behandelte nicht einmal meine eigene Schwester wie meine Schwester.

Bevor ich Los Angeles verließ, hatte ich noch eine Begegnung. Auf dem Rückweg von einem 7-Eleven-Shop sah ich vor mir einen richtig massigen Mann in einem adretten Anzug mit seinem Gepäck vor dem offenen Kofferraum seines Rolls Royce stehen. In der einen Hand hielt er einen Bügel mit einem gebügelten weißen Hemd. Er stand da wie zu einer Salzsäule erstarrt und wußte offensichtlich nicht, wie er alles im Kofferraum verstauen sollte. Es war ein gutes Stück bis zu ihm, doch die ganze Zeit, bis ich in Höhe seines Autos war, bewegte er sich nicht. Kurzerhand ging ich auf ihn zu und fragte, ob ich ihm behilflich sein könne. Es war Muhamed Ali. Er gab keine Antwort, und so hievte ich wortlos seine Koffer in den Kofferraum. Eine Frau kam aus einem Wohnhaus angelaufen. Er ging ihr entgegen. Ich war bei meiner Arbeit zwar einer Menge berühmter Leute begegnet, doch von Ali war ich überwältigt. Ich war überwältigt von der Erkenntnis, daß es Kämpfe gibt, die man gewinnen kann, und Kämpfe, die man nicht gewinnen kann. Wenn es etwas gab, was mich dazu gebracht hatte, das Geschehene hinter mir zu lassen, dann war es der Augenblick, als mir blitzartig klar wurde, wie kurz das Leben ist.

Wieder zu Hause, versuchte ich mich daran zu erinnern, was Cara gesagt hatte. Ich machte mir ein paar Notizen, die mir dabei helfen sollten, den Sinn ihrer Worte zu verstehen. An den roten Flekken, die überall auf dem Blatt verteilt sind, kann man erkennen, daß ich gleichzeitig Johannisbeergelee einmachte. Rote Johannisbeeren sind im Sommer leicht zu bekommen, und sie lassen sich auch leicht zu Gelee verarbeiten. Wenn man sich ganz krank fühlt, weil die Dinge sich partout nicht so entwickeln, wie man gern möchte, dann ist dies hier genau das Rezept, das der Arzt verordnet. Okay, er verordnet Valium, aber dieses Rezept hier ist bombensicher.

Viertellitergläser

Johannisbeeren (ca. 2½ kg)
Zucker
Zimtstangen
Gewürznelken (ungemahlen)

1. Die Johannisbeeren vorsichtig mit kaltem Wasser waschen und alle Holzstengel und Blätter entfernen; die Beeren müssen jedoch nicht entstielt werden. Leicht zerdrücken, damit schon etwas Saft austritt. Dann ein bißchen Wasser dazugießen, aber nicht mehr als einen halben Becher. Ungefähr 10 Minuten langsam kochen lassen, bis die Johannisbeeren weiß geworden sind. Mindestens 6 Stunden oder auch über Nacht in einem feuchten Seihtuch abtropfen lassen. Das Seihtuch nicht zusammendrücken, um womöglich mehr Saft zu gewinnen. Man darf Dinge nicht erzwingen wollen.

2. Die Gläser 10 Minuten lang in kochendem Wasser sterilisieren.

Auf einer Party in einem Michael-Jackson-Museum hatte ich vor Jahren einmal Don King getroffen. Er hatte sich kurz vorher aus dem Boxsport zurückgezogen und war gerade als Promotor in das Musikgeschäft eingestiegen, aber ich glaube nicht, daß er den totalen Überblick über die Szene hatte. Ich hatte damals zwar noch kaum etwas veröffentlicht, aber er zerrte Michael Jackson zu mir herüber und stellte mich ihm als »die weltbekannte …« vor, sogar zweimal und mit lauter Stimme. Als er sich dann weiter durch den Raum arbeitete, hörte ich, wie er fast jeden mit »weltbekannt« betitelte, und ich wette darauf, daß das der Grund für seine Popularität ist.

Es war das genaue Gegenteil von dem, wie ich mich verhalten hatte. Während meiner Collegezeit jobbte ich in einer Bar in Chicago für Joe Pepitone. Er hatte ein Lokal aufgemacht, das – etwas überholt und plump – »Joe Pepitone's Ding« hieß. Eines Abends stand ich mal wieder hinter der Bar und reichte einem alten Knaben die Rechnung für sein Bier. Er gab sie mir zurück und sagte: »Ich bin Yogi Berra.« – »Ach ja?« fragte ich völlig unbeeindruckt. Es ist wirklich schwer vorstellbar, daß ich jemals so jung war.

Wir mußten als Arbeitskleidung Chicago Cubs-Uniformen tragen. Wenn ich spät nachts zu meinem Wagen zurückging, hielten die Männer mich immer für eine Prostituierte mit einem besonderen Verkaufstrick. Sie machten mich ständig an, ob ich nicht ihren Knüppel halten wolle.*

Heißes Wasser über die Deckel und Schraubringe gießen und mindestens 3 Minuten – oder auch so lange, bis Sie sie brauchen – darin belassen.

3. Den Saft abmessen und in einen Email- oder Edelstahltopf geben; wichtig ist, daß der Topf einen flachen

* Baseball-Mannschaft, A. d. Ü.

Boden mit großem Durchmesser hat. Nie mehr als 5 Becher Saft auf einmal verarbeiten. Wenn sie nur reines Johannisbeergelee möchten, können Sie den nächsten Schritt mit den Gewürzen auslassen. Ansonsten die Gewürze in ein Mullbeutelchen verpacken und 10 Minuten lang mit dem Saft kochen lassen. Den Mullbeutel herausnehmen. Wenn Sie schwarze oder weiße Johannisbeeren nach diesem Rezept einmachen – oder auch Stachelbeeren –, müssen sie zusammen mit dem Zucker 2 Teelöffel frisch gepreßten Zitronensaft hinzugeben.

Auf einen Becher Saft rechnet man einen ¾ Becher Zucker. Umrühren, bis sich der Zucker vollständig aufgelöst hat. Sprudelnd kochen lassen, bis die Masse geliert. Mit einem Löffel sorgfältig den Schaum abschöpfen, der sich auf der Oberfläche gebildet hat. Im allgemeinen hat man es mit einer ganzen Menge Schaum zu tun. Klatschen sie ihn vorerst einfach auf einen Teller, bevor sie ihn dann nach getaner Arbeit wegkippen. Machen Sie nach etwa 10 Minuten eine erste Gelierprobe mit dem Löffel- beziehungsweise Kohäsionstest. Falls nötig, lesen Sie einfach bei dem Rezept für das Holzapfelgelee nach, wie das im einzelnen geht. Allerdings sollte das kein Vorwand sein, um wieder in der Vergangenheit herumzustochern. Sie haben nichts falsch gemacht.

4. Den kochenden Sirup vom Herd nehmen und den eventuell noch verbliebenen Schaum weiterhin ab-

schäumen – nur den richtigen Schaum, nicht die Bläschen vom Kochen. Dieser Schritt sollte Ihnen eigentlich Vertrauen in Ihr Urteilsvermögen geben, ganz gleich, was geschehen ist: Sie können immerhin Schaum von Bläschen unterscheiden. Die abgetrockneten, heißen Gläser bis etwa einen halben Zentimeter unter den Rand mit dem Gelee füllen. Sie kommen mit Sicherheit nicht auf die Idee, den heißen Sirup in kalte Gläser zu gießen. Denn sie wissen ja, was so ein Schock für Folgen haben kann. Einen Handtuchzipfel in das kochende Wasserbad tauchen und damit die Glasränder abwischen. Die fertigen Einmachgläser 10 Minuten lang in dem kochenden Wasser sterilisieren, und dann weg mit dem Gelee.

12

Würzig marinierte Champignons

Ich war gewandert und hatte auf Grizzlybären gehofft. Ich war im Kajak unterwegs gewesen, weil ich glaubte, man könne dabei leicht mit dem Kopf aufschlagen und ertrinken. Ich war auf der Startbahn des örtlichen Flughafens Rollschuh gelaufen und hatte mir Kopfhörer aufgesetzt, in der Hoffnung, das Geräusch eines herannahenden Flugzeugs zu überhören. Als ich glaubte, nicht mehr weiterleben zu können, hatte ich mehr und mehr Zeit damit verbracht, draußen irgendwelche neuen Dinge zu tun, und ich fing langsam an, mich zu fragen, warum es überhaupt eines Unglücks bedurfte. Ich merkte, daß kein Mensch sich darüber Gedanken machte, warum man keinen Ehemann und keine Familie hatte oder warum einem nichts Besseres einfiel, als mit dem Rad durch den Wald zu fahren. Draußen in der freien Natur wird alles, was einem je zugestoßen ist, bedeutungslos, und ohne großen mentalen Aufwand sieht man plötzlich wieder alles viel klarer.

An einem Spätnachmittag – der Himmel war rosarot – beschloß ich, meine Schlittschuhe abzustauben. Und dann lief ich zu dem Weiher, der mitten in der Stadt lag. Ich drehte meine Runden, als plötzlich ein Mann neben mir auftauchte. Er redete über Eiskristalle und darüber, wie sie nach unten wachsen und warum der Weiher gefroren war. Ich hatte nichts gegen Gesellschaft, doch urplötzlich hatte ich das Gefühl, daß er drauf und dran war, sich wieder davonzumachen. »Schade – eigentlich gefallen Sie mir ja«, sagte er, »aber ich weiß genau, Sie denken gerade, ›Mein Gott, wieder mal so'n ganz Schlauer.‹« Das hatte ich zwar keineswegs gedacht, aber ich konnte gut nachvollziehen, daß man seine Stärken für Schwächen hielt.

Während meiner ganzen Highschool-Zeit hatte ich Hauswirtschaftslehre. Ich lernte nähen, stopfen, kochen und einmachen. Danach erlegte ich mir auf, nichts von diesem Können jemals praktisch anzuwenden, bis, ja bis mein Kummer mich auf Gelee brachte. Ich hatte all diese häuslichen Dinge verdrängt, so als würde es sich irgendwann einmal auswachsen, daß man in Wisconsin groß geworden war. Doch jetzt war in der Nähe der Heimatstadt meiner Mutter, die nicht weit von meinem Geburtsort entfernt lag, eine neue Mountain-Bike-Strecke eingeweiht worden, und ich hatte das fast zwanghafte Gefühl, ich müsse noch einmal dorthin zurück.

In der Stadt, in der meine Mutter aufgewachsen war, fand jedes Jahr das sogenannte Musky Festival statt, das wir immer besuchen mußten. Was dieses

Fest von dem Jahrmarkt in unserer eigenen Stadt oder auch dem Rutabaga Festival im Nachbarort unterschied, waren zwei Dinge: Das eine war das Wettangeln um den größten Muskalunge*, und das andere war ein Flugzeug, das über den Jahrmarkt flog und Pingpongbälle auf die Menschenmenge abwarf. Auf den Bällen standen Nummern, die zu Preisen gehörten, und ein Ball war das große Los – hundert Dollar. Und genau das war symptomatisch für das Aufwachsen im Norden von Wisconsin: Das Beste, was man sich erhoffen konnte, war nicht gerade sehr gut.

Ich spazierte jetzt in der Stadt herum, und die Dinge, die mich immer deprimiert hatten, wie beispielsweise die Zurschaustellung des Weltrekord-Muskalunges, erschienen mir plötzlich gar nicht mehr so armselig. Es war einfach ein großer Fisch. In der Vorstadt fuhr ich an der Anlage mit den kleinen Seehütten vorbei, die »Wanderdüne« hieß, ohne daß es mich weiterhin berührte. Dann landete ich irgendwie draußen bei Turk's Supper Club. Als ich ein Kind war, wußte ich aus dem Fernsehen, daß niemand in New York jemals von *supper clubs* sprach, und bei dem Gedanken daran, daß mein Vater unser Restaurant auch so nannte, starb ich innerlich fast vor Scham. Ich hoffte immer, daß mich niemand nach dem Besitzer fragte. Das Turk's

* nordamerikanischer Süßwasserfisch, A. d. Ü.

sah noch so aus wie früher. Nichts hatte sich verändert. Ich setzte mich in eine Nische und stellte plötzlich fest, daß ich mich richtig wohl fühlte inmitten dieser Gegend, wo sich Hase und Fuchs gute Nacht sagten, dieser Gegend, wo ich herkam und wo die Wurzeln allen Kummers lagen.

Ich nahm mir vor, den Rest der Strecke nach Hause durchzufahren. Es schien mir viel weiter zu sein, als die Schilder anzeigten, so als müßte man die Meilen in Nord Dakota mit irgendeinem Faktor multiplizieren, ähnlich wie man es beim Hundealter macht. Doch plötzlich kam ein Sturm auf, Schneekristalle peitschten gegen die Windschutzscheibe, und so bog ich in die Stadt Medora ab.

Die Stadt war tot, die Saison war vorbei. Der Mann im Motel schloß einen eiskalten Raum auf, so daß ich über Nacht bleiben konnte. Ich streifte durch die Stadt, und auf einmal sah ich Elvis. Er war es unverkennbar, vor allem, weil er eine seiner weißen Schlaghosen anhatte und den breiten goldenen Gürtel trug. Er verschwand in einem Tanzpalast. »Elvis ist hier«, erzählte ich dem Mann im Motel, als ich zurückkehrte. »Ach ja, das ist der Sioux Falls Elvis«, erwiderte der Typ lakonisch.

Am nächsten Morgen machte ich einen Zwischenstopp bei Franklin D. Roosevelts kleinem Häuschen am Rande der Stadt. Er war hierher gekommen, um mit seinem Schmerz fertigzuwerden, nachdem seine Frau und seine Mutter im Abstand von nur wenigen Stunden nacheinander gestorben waren. Hier in Nord Dakota verliebte er sich in den Westen und schöpfte genügend Kraft, um einen Neuanfang zu starten. Wenn man die ganze Geschichte betrachtet, kann man sich dem Gedanken nicht verschließen, daß Depressionen und Rückschläge eine Funktion haben, daß sie ein Weg sind, herauszufinden, wie man sein Leben gestalten muß, und daß sie einen an neue Orte treiben, wo man plötzlich auf Elvis stößt. In der Geschenkboutique blätterte ich in einem Buch und stieß zufällig auf eine Zeile, die Roosevelt zu demselben Thema geschrieben hatte, »Depression sitzt selten hinter einem Fahrer, der schnell genug fährt.«

Als ich wieder zu Hause war, ging ich in mein Lebensmittelgeschäft. Dort kann man das ganze Jahr über Champignons bekommen. Man braucht also nicht erst die Pilzsaison abzuwarten, um sie einzulegen.

Vor Jahren machte ich ein Interview mit der dänischen Schauspielerin, die Sylvester Stallone mit einem Lasso eingefangen hatte. Wir sprachen über die Schattenseiten des Ruhms, und sie erzählte mir, daß sie und ihr Mann ständig verfolgt würden. »Können sie überhaupt noch so normale Dinge tun, wie zum Beispiel im Lebensmittelgeschäft einkaufen?« fragte ich sie. »Ich will gar nicht im Lebensmittelgeschäft einkaufen«, antwortete sie bühnenreif.

Viertellitergläser

Kleine ganze Champignons aus frischer Ernte
(Köpfe etwa 2,5 cm Durchmesser)
in Flaschen abgefüllten Zitronensaft

Für den Aufguß
2½ Becher destillierten Weißwein-, Apfel- oder herben Essig (5% Säure)
2 Becher Olivenöl
1 Eßlöffel Oregano
1 Eßlöffel Basilikum
1 Eßlöffel Spezialsalz für Pickles
½ Becher gehackte Zwiebeln

Beiwerk für die Gläser
Knoblauchzehen
schwarze Pfefferkörner

1. Die Champignons waschen oder auch nur mit einem feuchten Küchentuch den Dreck abwischen. Den Stiel direkt unter der Pilzkappe abschneiden. Die Champignons in einer Kasserolle mit Wasser bedekken und etwas Zitronensaft hinzufügen, etwa ½ Becher pro Liter Wasser. Aufkochen und das Wasser 5 Minuten lang sieden lassen, dann abgießen und die Champignons trocknen lassen. Sie schrumpfen dabei etwas zusammen, so daß sie eng geschichtet bleiben, wenn man sie in die Gläser packt. Wenn Sie das nicht tun, könnte es hinterher den Eindruck erwecken, als hätten Sie aufgegeben, bevor die Gläser richtig voll waren.

2. Die Gläser abspülen und 10 Minuten lang auskochen. Verwenden Sie nach Möglichkeit hübsche kleine Gläser. Sie sollen auch etwas fürs Auge sein. Die Gläser in dem heißen Wasser stehenlassen, bis sie gebraucht werden. Die Deckel und Schraubringe mit kochendem Wasser übergießen und darin belassen, bis sie soweit sind, daß die Gläser verschlossen werden können, mindestens jedoch 3 Minuten lang.

Ich hatte von INTERVIEW – das Magazin gehörte damals Andy Warhol – den Auftrag, mich mit der damaligen Mrs. Stallone zu unterhalten. Ich saß in einem Redaktionsbüro, als Andy Warhol plötzlich auftauchte. Er erkundigte sich, was ich sie fragen wolle, und ich erzählte ihm, daß ich mit ihr über Glück und Schicksal reden wolle und darüber, ob sie ihr plötzliches Liebesglück mehr dem einen oder mehr dem anderen zuordne. Er wirkte sehr enttäuscht.

»Können Sie sie nicht fragen, wie Stallone im Bett ist?« maulte er.

Heute weiß ich natürlich, daß es nicht so wichtig ist herauszufinden, ob das, was das Leben bringt, eine Sache des Glücks oder des Schicksals ist, sondern ob man es loslassen kann.

3. Essig, Olivenöl, Oregano, Basilikum, Spezialsalz (kein Tafelsalz) und Zwiebeln in einem Edelstahl- oder Emailtopf vermischen. Unter gelegentlichem Umrühren aufkochen lassen.

4. Eine halbe Knoblauchzehe und ein paar Pfefferkörner in jedes Viertelliterglas geben. Die Champignons in die Gläser füllen, und zwar so dicht gepackt wie bei einem Koffer, auf den man sich zum Schluß draufsetzen muß. Dann die heiße Essig-und-Öl-Marinade bis einen Fingerbreit unter den Glasrand aufgießen.

5. Einen Handtuchzipfel in das heiße Wasserbad, in dem die Gläser ausgekocht wurden, tauchen und damit die Glasränder abwischen. Die heißen Deckel auf die Gläser legen und die Schraubringe fest zudrehen. Die fertigen Gläser noch 20 Minuten lang in dem kochenden Wasser sterilisieren. Nach dem Sterilisieren nicht mehr an den Schraubringen drehen. Sonst müssen Sie sich einen wirklich starken Freund zulegen, der Ihre Champignons ißt. Die Pilze mindestens 4 Wochen lang durchziehen lassen.

13

Heidelbeermarmelade

Als ich mich nicht länger fragte, warum mein Ex mich verlassen hatte, sondern mich vielmehr wunderte, warum die Geschichte nicht schon viel früher geendet hatte, wußte ich, ich war über den Berg. Es war etwa um diese Zeit herum, als mir auffiel, daß meine Freundinnen mich nacheinander in Tränen aufgelöst anriefen – Larry beziehungsweise Roger hatte mit den Skiern beziehungsweise dem Grill nach ihnen geworfen; sie waren völlig fertig. Es sei vorbei, sagten sie – bis zum Ende des Gesprächs, bis sie sich wieder gefangen hatten. Eines Tages war ich mit einer Freundin in der Wohnung ihres Freundes, und er erzählte von seinen Ferienplänen, die sie jedoch nicht einbezogen. Als wir gingen, schluchzte sie. »So habe ich mir das nicht vorgestellt«, sagte sie, »meine Ferien allein verbringen. Es ist aus.« Es war nur wenige Häuserblöcke weiter, als sie in einem Schaufenster auf ein paar teure Gläser deutete. »Glaubst du, die würden ihm gefallen?« fragte sie und suchte in ihrer Tasche nach dem Portemonnaie.

Zurück in Montana, beschloß ich daher, zu dem Mordprozeß von Clara Hess zu gehen. Sie hatte es geschafft, ihre Beziehung zu beenden. Ich setzte mich in eine Reihe mit einigen älteren Frauen. Vielleicht gehören sie ja zu Claras Bridgeclub, dachte ich. »Wir sind alle vom Frauenhaus«, flüsterte mir eine Frau zu. Clara selbst war ein zierliches Großmütterchen. Sie hatte ihren Mann eines Abends vergiftet und dann allen erzählt, er sei auf Angeltour.

Bill fing mitnichten irgendwelche Forellen. Ihr Nachbar von nebenan hatte ihn im Auftrag von Clara unwissentlich beerdigt. Der Mann besaß eine Firma, die mit dem Slogan »Brauchst du Kies, brauchst du Travel« warb. Als ich mit dem Auto herumfuhr, hatte ich so ein Schild gesehen. Es stellte sich heraus, daß man nicht viele Fragen stellte, wenn jemand eine Ladung Kies orderte, die ausreichend war, um ein mannsgroßes Loch zu füllen.

Je mehr Clara erzählte, desto klarer wurde mir, daß auch sie nicht fähig gewesen war, ihre Beziehung zu beenden. Das einzige, was ihr Mann konnte, war rumbrüllen. Nichtsdestoweniger hatte sie ihn geheiratet – und das zweimal. Sie konnte sich zwar nicht mehr an den Tag erinnern, an dem ihr Mann das letzte Mal getobt hatte oder was ihr am Schluß so auf die Nerven gegangen war, aber sie erinnerte sich sehr genau an jedes Dessert, das sie ihm serviert hatte. Ich vermute, sie konzentrierte sich auf das einzige, was sie jemals vollständig kontrollieren konnte. Als der Staatsanwalt versuchte, sie an Bills letzten Atemzug heranzuführen, versuchte sie zu klären, ob sie gerade Tapioca oder Dosenpfirsiche gegessen hatten.

Ich fühlte mich erleichtert, selbst als Clara ins Gefängnis kam. Wenn sich alles so entwickelt hätte, wie ich es mir vorgestellt habe, wäre ich wie Clara geendet, mit Träumen von Arsenpastetchen.

Ich kaufte mir ein bräunliches 1964er Chevy-Kabriolet und fuhr fröhlich und ziellos mit offenem Verdeck durch den Staat. Ich genoß das gute Gefühl, niemanden neben mir zu haben, der mich anschnauzte oder mir beim Fahren brutal auf den Schenkel schlug, so wie es, nach Aussage von Clara, Bill immer getan hatte. In einer Gegend, die sich Tal der Adler nennt, hielt ich eines Nachmittags an einer Bar an. Die Stadt hieß Ringling und hat diesen Namen, weil sie früher das Winterquartier der Ringling Brüder und des Zirkus Barnum & Bailey gewesen war. Die Zirkustiere kamen damals jedes Jahr mit dem Güterzug, um dort ein paar Monate auszuruhen. Der Barkeeper erzählte mir von der Stadt, beziehungsweise von dem bißchen, was von ihr neben der Bar übriggeblieben war. »Unsere Bank ist zusammengekracht«, sagte er.

»Na ja, in diesem Jahr gehen überall Banken pleite«, meinte ich, um ihn damit zu trösten, daß diese kleine Stadt mit ihren wirtschaftlichen Problemen nicht allein dastand.

Er sah mich verwirrt an. »Ich meine, sie ist im wahrsten Sinne des Wortes zusammengebrochen.«

Mein nächster Stopp galt einer Stadt mit dem Namen Boulder. Ich wollte mir lediglich ansehen, was es mit dem Hinweis auf ein »Gesundheitsbergwerk« in der Nähe der Stadt auf sich hatte. Der Besitzer des Heilsstollens *Zum einsamen Baum* erzählte mir, daß sich mit dem Radongas in seinem stillgelegten Bergwerk so gut wie fast alles heilen ließ. Es sei die gute Variante von Radon, erklärte er, nicht die schädliche, die man in seinem Keller habe. Er schenkte mir eine Freistunde und gab mir ein großes Glas radioaktives Wasser, das ich trinken sollte, während ich in einem unterirdischen Tunnel allein auf einem Plastikstuhl saß. Normalerweise, sagte er, sei der Stollen von älteren Leuten aus der ganzen Welt bevölkert, die Kniffel spielten und Kommentare in das Gästebuch schrieben. »Mein Mann kann seine arthritischen Daumen wieder bewegen, ohne daß es knirscht«, hatte eine Frau geschrieben. »Seit mein Freund mich verlassen hat, kann ich besser durchatmen«, fügte ich hinzu.

In der Nähe des Glacier Parks kaufte ich an einem Straßenstand Heidelbeeren. Ich war einmal bei einer Astrologin, die mir eröffnete, daß man es nicht nötig habe, sich von irgend jemandem anschreien zu lassen. »Ihr Kehlkopf-Chakra ist blockiert«, sagte sie bedeutsam. »Sie müssen mehr blaue Nahrung zu sich nehmen.« Ich muß gestehen, daß ich bei meiner Heimkehr keinerlei Notwendigkeit verspürte, irgend etwas aus den Beeren zu machen.

4 Becher Heidelbeeren
6 geschälte und in Stücke geschnittene Äpfel (4 Becher)
2 Becher weißen Zucker
1 Becher braunen Zucker
1 Teelöffel gemahlenen Zimt
¼ Teelöffel gemahlene Gewürzmischung
¼ Teelöffel Muskatnußpulver

1. *Alles zusammen in einen Topf geben und bei schwacher Hitze ankochen. So lange rühren, bis sich der Zukker aufgelöst hat. Wenn man wirklich fertig ist, scheint allein schon die Tatsache, daß der Zucker tatsächlich in den Früchten verschwindet, so etwas wie ein größerer Erfolg zu sein. Und wenn das Ganze dann noch so kocht, wie es soll, wobei man nichts anderes getan hat, als die Hitze hochzuschalten – das ist nämlich der nächste Schritt –, dann hat man fast schon einen guten Tag. Ohne Deckel ungefähr 45 Minuten unter gelegentlichem Rühren köcheln lassen. Gegen Ende etwas mehr rühren, damit das Zeug nicht auf dem Boden anbrennt und das Erfolgsgefühl wieder zunichte macht. Kleinvieh macht schließlich auch Mist, wie es so schön heißt. Ich fuhr einmal durch Drummond in Idaho. Mitten in der Stadt befindet sich ein Riesenschild, auf dem die Bevölkerungszahl, die Meereshöhe, die durchschnittliche Temperatur und das Gründungsjahr aufgelistet sind. Und am unteren Ende des Schildes steht*

stolz »Gesamtsumme«, – in der alle diese Zahlen zusammengerechnet worden sind. – Es ist eine große Zahl für eine so kleine Stadt.

2. Während die Früchte vor sich hin kochen, die Gläser, Deckel und Schraubringe sterilisieren und in dem heißen Wasser lassen.

3. Die Konsistenz der Marmelade prüfen. Dazu gibt man einen Klecks auf einen kalten Teller und wartet kurz ab: Wenn sich außen herum kein wäßriger Ring bildet, ist sie fertig. Hier noch ein anderer Test: Sieht die Marmelade so aus, als würde sie später auch auf Ihrem Toast kleben bleiben? Die Marmelade bis etwa einen halben Zentimeter unter den Rand in die Gläser füllen. Die Ränder mit einem sauberen, feuchten Lappen abwischen und die Gläser mit den Deckeln und Schraubringen verschließen. 10 Minuten lang sterilisieren.

14

Eingelegte grüne Tomaten mit Dill

Es gab zwei Dinge, die ich in Indien tun wollte: zum einen den Nadi-Leser aufsuchen, einen Mann, der die Vergangenheit und die Zukunft aus alten Palmblättern lesen kann, und zum anderen Sai Baba sehen, den Guru mit der großen Afro-Mähne. Ich hatte gehört, daß das Leben aller Leute, die ihn gesehen hatten, in völlig neue Bahnen gelenkt worden war. Sie erzählten, daß er wie ein neuer Jesus durch Indien zog. Die Reise war weit, aber nicht zu weit, wenn sie einem Starthilfe in ein glückliches neues Leben versprach. Für alle Fälle hatte ich mir auch noch ein Hintertürchen offen gelassen: Ich hatte gelesen, daß Mutter Teresa dort ein neues Projekt gestartet hatte – »Ein Heim für verwirrte Seelen«.

Im Süden, in der Nähe von Bangalore, traf ich einen Deutschen mit Namen Frank. Wir standen gerade draußen vor einem Tempel neben einer Statue, die große Ähnlichkeit mit einem riesigen Piraten hatte, als ein kleines Mädchen in einem gelben Sari auf uns zukam. Sie war, genauso wie ihre Schwester, nach irgendeiner Gottheit benannt, und nachdem sie uns ansatzweise die Grundlagen des

Hinduismus erklärt hatte, wußte ich, daß das nicht meine Party war.

Im Innern des Tempels sah man Leute mit Kokosnüssen und Bananen herumlaufen, die sie ganz in Weiß gekleideten Priestern überreichten. Selbige verschwanden mit den Früchten in einer Silberkammer und verfütterten sie dort an Affen. Dann trat ein Priester aus dem Affenraum und hielt mir eine große Opferschale hin. »Nehmen sie das«, flüsterte er und drückte mir eine Banane in die Hand.

Frank und ich entschlüpften in einen Seitengang des Tempels. Ich zerbrach mir den Kopf, was ich mit der Banane tun sollte: »Vielleicht sollte ich sie ja weitergeben«, sagte ich. Frank war verwirrt. Er hatte gelbe und rote Flecken auf der Stirn, die ihm ein Priester mit dem Daumen aufgerieben hatte. Plötzlich stand ein sehr gutaussehender Mann in einem goldenen Umhang vor uns. Er lächelte breit. Ich war mir sicher, das war der Oberpriester.

Ich hoffte, er würde etwas sagen, was uns aus unserer Verlegenheit half. »Entschuldigen Sie«, sagte ich, »aber was soll ich mit dieser Banane machen?«

Er sah mich ein bißchen mitleidig an und sagte: »Vielleicht essen?«

Ich konzentrierte all meine Hoffnungen auf Sai Baba. Nach einer langen Busfahrt gesellte ich mich morgens um vier zu einem Pulk von ungefähr tausend Frauen, die außerhalb eines riesigen babyrosa Tempels warteten. Die Männer waren irgendwo auf der anderen Seite. Fast alle hatten einen weißen Baumwollschlafanzug an. Wir saßen stundenlang auf einem betonierten Weg, bevor wir in den Tempel geführt wurden, wo wir weitere Stunden saßen und schweigend warteten. Ich war von Leuten umgeben, die blaue Tücher mit der Aufschrift »Argentinien«, »Elfenbeinküste« oder anderen Ländernamen trugen. Schließlich ertönte aus den Lautsprechern Musik, die wie Wasserrauschen klang, und ein Winzling von einem Mann mit einer geranienfarbenen Robe schritt langsam herein, wirklich langsam. So wie er aussah, hätte er der Großvater von den Jacksons sein können.

Er wedelte mit seiner Hand in der Luft herum, so als wolle er jedem einzelnen signalisieren, er möge sich erheben. Doch niemand leistete dem Folge. Er ging im ganzen Tempel herum, immer mit dieser Handbewegung, und dann war er plötzlich weg, und die Musik hörte auf. Alle standen auf, um nach Hause zu gehen.

Ich konnte es nicht glauben. »War es das schon?« flüsterte ich einer Frau zu, auf deren Tuch »Kroatien« stand. Sie nickte. »Sagt er nie etwas?« fragte ich sie. Sie schüttelte den Kopf.

»Wenn er mit Ihnen spricht«, flüsterte sie zurück, »dann ist es nicht auf diese Art.« Ich verdrehte die Augen. »Sie werden sehen«, sagte sie, »Sie werden glücklicher sein, wenn Sie nach Hause kommen.« Wenn ich nicht draußen noch mal vier

Stunden warten mußte, könnte sie sogar recht haben, dachte ich.

Ich fuhr mit dem Bus durch das Land und besuchte den Palmblatt-Leser in der Hoffnung auf eine laute Kommunikation mit ihm. Er trug ein Golfhemd und ein weißes Tuch, das er sich wie eine Windel umgeknüpft hatte, und holte einen Stapel alter getrockneter Blätter aus einem mit einem Holzklotz verriegelten Raum. Die Blätter waren mit blassen Sanskrit-Zeichen beschrieben. Er drehte sie nacheinander um und nannte das Jahr, in dem mein Vater gestorben war, das Jahr, in dem ich nach New York umgezogen war, und andere Details aus meinem Leben. Er wußte sogar, daß ich über Musik geschrieben hatte. Es stimmte alles. Dann meinte er, er müsse mir etwas über meine früheren Leben erzählen, und, welch ein Glück, ich war damals nicht Jean d'Arc oder Amelia Earhart, so wie die meisten Leute, die ich kannte. Er sagte: »All das, die Erfahrung, daß Menschen Sie verlassen, mußte sein, damit Sie merken, daß Sie niemals wirklich allein sind. Sie wissen jetzt, daß all diese Menschen gehen konnten und es Ihnen trotzdem gutgeht. Sie müssen erkennen, daß Sie nicht mehr das kleine Mädchen sind, das Angst davor hat, von jemandem verlassen zu werden – wie in all diesen Leben, die Sie gelebt haben, um immer wieder Leuten nachzujagen.« –

»Und nun gehört all Ihre Einsamkeit der Vergangenheit an«, fuhr er fort. »Nächstes Jahr werden Sie heiraten, und zwar keinen Mann aus Kanada oder Amerika. Einen Europäer.«

Er hörte auf, das Blatt zu lesen, und schaute zu mir herüber. »Glücklich?« fragte er. Ich stellte mir gerade diese Italiener in ihren scharfen Badehosen vor, aber ich sagte, es sei schon okay. Ich hoffte nur, daß mein Mann wenigstens Englisch sprach. Immerhin wußte ich ja bereits, daß er wie eine graue Maus aussah. »Nun ja«, meinte er strahlend, »vielleicht ist er ja aus England.« Er müßte es doch eigentlich wissen, dachte ich gerade, als er plötzlich mit veränderter, fast fröhlicher Stimme fortfuhr: »Ihr Besuch hat Sai Baba sehr, sehr glücklich gemacht!« Ich fiel auf meinen Stuhl zurück. Aber er eilte schon mit seinen Blättern aus dem Raum.

Ich rannte ihm hinterher. »Entschuldigen Sie, aber woher wissen Sie das mit Sai Baba?«

Er sah mich verständnislos an. »Wovon sprechen Sie?« fragte er.

»Na, was Sie zuletzt gesagt haben …« Ich sprach ganz langsam, in der Hoffnung, seinem Kurzzeitgedächtnis auf die Sprünge zu helfen. Er schloß die Augen, als dächte er nach. »Sie sagten, mein Besuch habe Sai Baba sehr glücklich gemacht«, sagte ich schließlich.

Er schien völlig verblüfft. »Tut mir leid«, sagte er. »Nicht ich. Kann es sein, daß Sai Baba zu Ihnen gesprochen hat?« Ich starrte ihn an. »Warum tun Sie so, als sei etwas falsch gelaufen? Warum akzeptieren Sie nicht einfach und gehen weiter, anstatt stehenzubleiben und nach einer Erklärung zu suchen?« fragte er. »Ihr Besuch hat Sai Baba glücklich gemacht. Vielleicht gibt es da gar nichts zu verstehen.« Und damit schlurfte er in seinen Badelatschen von dannen.

Am Dum-Dum-Airport in Kalkutta angekommen, blickte ich noch einmal meinem Taxi nach, wie es davonfuhr. Quer über den Kofferraum stand in gelber Schrift: »Das Leben ist ein Theaterstück, die Welt ist eine Bühne, die Leute sind die Schauspieler, Gott ist der Regisseur.«

Ich war noch nie so glücklich gewesen, wieder nach Hause zu kommen. Ich hatte meinen ganzen Gemüsegarten in Töpfen angelegt, so daß ich die Töpfe einfach nur in die Garage schieben mußte, wenn die Natur abstarb. Eine Million Tomaten hing noch an den Stauden, aber sie waren alle grün. Vor dem ersten Frost muß man sie abnehmen und alle auf einmal verbrauchen. Ich stand neben meinen Tomaten und dachte darüber nach, daß es mir, bei allem was auch passiert war, schlichtweg nie in den Sinn gekommen war, die Schuld *nicht* bei mir zu suchen, *nicht* darüber nachzugrübeln, wie ich alles vermurkst hatte. Ich mußte erst um die halbe Welt reisen, um zu mir sagen zu können: »Vielleicht gibt es gar nichts weiter zu verstehen« und einfach vorwärtszugehen – übrigens die einzige Möglichkeit, die man in diesen Gummilatschen hat.

Liter- oder Halblitergläser

grüne Tomaten
Stangensellerie
Grüne Paprikaschoten
Knoblauchzehen
Frischer Dill
(wenn Sie keinen frischen Dill haben,
brauchen Sie mit grünen Tomaten
gar nicht erst anzufangen)

Für den Aufguß
2 Liter Wasser
1 Liter destillierter Weißweinessig
(5% Säure)
1 Becher Spezialsalz für Pickles

1. Die Tomaten in etwa einen halben Zentimeter dicke Scheiben schneiden und in saubere, sterilisierte Gläser schichten. Jedem Literglas etwas Dill und eine Knoblauchzehe beifügen und anschließend eine etwa 10 Zentimeter lange Selleriestange seitlich ins Glas schieben; an den anderen Seiten ein paar Scheiben grünen Paprika hineinstopfen. Es soll möglichst ordentlich und hübsch aussehen.

2. Die Deckel und Schraubringe in einen zweiten Topf legen, mit Wasser bedecken und einmal aufkochen las-

sen. Die Herdplatte ausstellen und alles im Wasser lassen, bis es gebraucht wird.

Für den Aufguß das Wasser, den Essig und das Salz vermischen und in einem Edelstahl- oder Emailtopf 5 Minuten lang kochen lassen. Den fertigen Sud durch einen Trichter mit großer Öffnung über die Pickles gießen, aber nur bis etwa einen Fingerbreit unter den Rand. Wenn sich Luftblasen bilden, mit dem Griff eines langen Holzlöffels oder mit einem Eßstäbchen innen an der Glaswand entlang nach unten fahren und die Blasen herausperlen lassen.

3. Einen Handtuchzipfel in das heiße Wasserbad tauchen und damit die Glasränder abwischen. Die heißen Deckel auf die Gläser legen und mit den Schraubringen fest verschrauben. Die fertigen Gläser 20 Minuten lang in kochendem Wasser sterilisieren. Die Pickles 6 Wochen lang durchziehen lassen und dann jemanden mit einem Glas beglücken.

15

Trockenpflaumenmarmelade mit Zimt

Ich beschloß, an einigen der Wettbewerbe auf dem Basar unseres Bezirks teilzunehmen. Beim Gartenbauwettbewerb gab es eine Kategorie »Wild und Frei«, die laut Reglement »ein Arrangement aus Blumen und Tieren« verlangte, und eine andere unter dem Motto »Schön, daß Sie da sind«, bei der Gladiolen verwendet werden sollten. Ich meldete mich bei einem Ikebana-Wettbewerb an, bei dem man den »Weg der einsamen Kiefer« darstellen sollte. Das Zettelchen auf meiner Vase besagte, daß ich disqualifiziert war. »Sie sollten Natursteine verwenden«, hatte jemand dazugeschrieben.

Ich machte auch bei ein paar Gelee- und Marmeladen-Wettbewerben mit. Als ich nachsehen ging, ob ich gewonnen hatte, traf ich eine Frau, die mir erzählte, daß sie zweiunddreißig verschiedene Arten Eingemachtes eingereicht hatte. »Mein Mann ist dieses Jahr gestorben«, sagte sie. Ich verstand sie auch ohne Worte. An den Blumen, die sie in der Hand hielt, erkannte ich, daß sie sich auch in der Kategorie »Schön, daß Sie da sind« beworben hatte. Ich gewann mit meiner Pflaumenmarmelade den zweiten Platz, obwohl nur zwei Gläser eingereicht worden waren. Das andere war von einer Zwölfjährigen. Ich bekam zwei Dollar Preisgeld.

Ich war wieder glücklich. Ich brauchte außerhalb meiner Küche nicht weiter nach Antworten zu suchen. Ich war einen langen Weg gegangen, um zurück nach Hause zu kommen.

»Weißt du, es war wirklich sinnlos, dich die ganze Zeit über so zu grämen«, sagte Cara, als ich sie anrief, um ihr zu erzählen, was ich gewonnen hatte. »Solange du nur weiterlebst, macht alles Sinn. Es ist wie im Stadion bei den Fahnenträgern«, sagte sie. »Sie werden angewiesen, zwei Schritte nach links, dann zehn Schritte nach vorn und zwei nach rechts zu marschieren. Es sieht beileibe nicht so aus, als könne das Ganze richtig sein. Es sieht aus wie ein großes Durcheinander, ohne jeden Sinn und Zweck. Aber oben auf den Tribünen, mit einem gewissen Abstand, erkennt man, daß sie doch etwas wirklich Schönes zustandebringen. Man muß nur den Richtungsanweisungen vertrauen und sich keine Sorgen darüber machen, ob es klappt. Es ergibt alles ein Muster.«

Ich legte auf, als der Postbote mit einem kleinen Päckchen an der Tür erschien. Absender war das psychiatrische Krankenhaus. Ich konnte mir nicht vorstellen, was mir der Junge geschickt hatte. Ich öffnete den Karton. Es waren zwei Gläser: Er hatte

Gelee eingemacht. »Ich bin nicht mehr so deprimiert«, schrieb er.

Nicht lange danach ging ich zurück nach New York. Ich hatte das Manuskript eines Romans bei mir, geschrieben von einem Mann, dem ich noch nie begegnet war. Egal, der Roman war gut, und da ich meinen eigenen Tatsachenkrimi aufgegeben hatte, beschloß ich, diesem Mann dabei zu helfen, sein Buch zu veröffentlichen. Ich hatte einen Termin bei einem großen Verlag. Der Lektor sah sehr unglücklich aus. Der Roman gefalle ihm eigentlich nicht, erklärte er und fügte dann hinzu, daß es bei ihm zu Hause auch nicht zum Besten stehe. Mir kam sofort der Gedanke, daß ich vielleicht gar nicht aus geschäftlichen Gründen hier war. Er erzählte mir von seinem Leben.

»Sie sollten versuchen, Gelee einzumachen«, sagte ich und erzählte ihm – getreu dem Motto »empfinden, empfunden und gefunden« –, wie das Einmachen mir über die schlimmsten Zeiten hinweggeholfen hatte. Ich merkte, wie ein Leuchten über sein Gesicht ging. Und plötzlich meinte ich, zum erstenmal in dieser wirklich langen Zeit zu erkennen, wie das Muster auf dem Feld aussah.

Viertellitergläser

½ Kilo Trockenpflaumen
1 Becher Essig
1½ Becher Zucker
½ Teelöffel gemahlene Nelken
½ Teelöffel Zimt

1. Zuerst müssen Sie Trockenpflaumen kaufen. Sie stehen dann im Laden an der Kasse und müssen es über sich ergehen lassen, daß die Kassiererin sie eingehend mustert, um zu prüfen, ob Sie nach Verstopfung aussehen. Aber Sie dürfen sich nicht darum scheren, was jeder x-beliebige über sie denkt. Die Trockenpflaumen mit Wasser bedecken und eine Stunde lang köcheln lassen. Die Pflaumen abgießen und die Flüssigkeit auffangen. Die Pflaumen entsteinen und in kleine Stücke schneiden.

2. Die Gläser 10 Minuten lang in kochendem Wasser sterilisieren. Im heißen Wasser stehenlassen, bis sie gebraucht werden. Die Deckel und Schraubringe in einem zweiten Topf mit Wasser bedecken und aufkochen lassen. Ebenfalls im Wasser lassen. Sie wissen das natürlich alles schon längst, aber es gibt eine Menge Dinge, die einem immer und immer wieder gesagt werden müssen, so wie man umgekehrt auch niemals etwas ablegt, solange es nicht durch etwas Besseres ersetzt wird.

3. Die geschnittenen Pflaumen in dem aufgefangenen Kochwasser erneut erhitzen und Essig, Zucker und Gewürze hinzufügen. Köcheln lassen, bis sie eingedickt sind – etwa 45 Minuten bis 1 Stunde.

4. Das Mus bis etwa einen halben Zentimeter unter den Rand in die sterilisierten Gläser füllen. Einen Handtuchzipfel in das kochende Wasserbad tauchen und die Glasränder abwischen. Die heißen Deckel auf die Gläser legen und mit den Schraubringen fest verschließen. Die fertigen Gläser 10 Minuten sterilisieren.

Einmal, als ich gerade darauf wartete, daß die Gläser fertig wurden, ist mir ein Magazin mit einem Artikel meines Exfreundes zugestellt worden. Es handelte sich um eine gefühlsbetonte autobiographische Geschichte, die auch einen Absatz über unsere Beziehung enthielt. Er hatte die Jahre, die wir zusammenwaren – ich nehme an aus erzählerischen Gründen – auf einen unbeschwerten Sommerflirt reduziert. Jetzt verstand ich endlich, warum er immer sagte: »Die Feder ist nicht mächtiger als das Schwert, sie ist das Schwert.«

16

Kein Rosmarin-Apfelgelee

Jeder meiner Ausflüge war in irgendeiner Weise mit einem Debakel verbunden gewesen – bei jedem meiner Abenteuer hatte es einen Punkt gegeben, der das Ganze hatte sinnlos erscheinen lassen, und jede Person, der ich begegnete, erschien ein bißchen seltsam. Aber alles zusammen hatte sich zu einem Ganzen addiert, und ich fing an zu begreifen, daß sich diese Addition während des Einmachens vollzog. Das Einmachen an sich oder die Idee, mich für alle Zeiten in meiner eigenen Küche zu verbarrikadieren, das konnte nicht der Punkt sein. Nach jedem Schub Gelee machte ich mich wieder auf, irgendwohin, wo es Neues zu entdecken gab, gespannt darauf, was mich erwartete. Und nach jeder Reise wühlte ich daheim mit meinen Händen in der Erde und erntete, was während meiner Abwesenheit gereift war. Das Pendel balancierte sich aus. Draußen in der Welt gab es viel zu sammeln, und wenn ich nach Hause kam, gab es immer viel zu konservieren.

Ich muß zugeben, daß ich kleine Teile dieses Puzzles von Menschen bekommen habe, bei denen es so schien, als sei es ein großer Fehler gewesen, ihnen überhaupt über den Weg gelaufen zu sein. Frau Guru in der Wüste hatte mich erkennen lassen, daß man sich manchmal vermeintlich aus einem ganz bestimmten Grund irgendwohin aufmacht, um anschließend festzustellen, daß man dort wegen etwas ganz anderem gelandet ist. Die Literaturagentin, eine stahlharte Frau, hatte mich gelehrt, daß Heulen und Zähneklappern kontraproduktiv sein kann. Der Countrysänger hatte mir gezeigt, daß es sich auszahlt, an sich zu glauben. Jedesmal, wenn ich wieder losfuhr, fand ich ein neues Teilchen, das ich dem Puzzle hinzufügen konnte. Diese kleinen Abenteuer waren es, die mich letztendlich ans Ziel führen sollten.

Und dann klingelte eines Abends das Telefon. Ein Freund fragte mich, ob ich nicht in ein bestimmtes Restaurant zum Abendessen kommen könne. Er sei dort mit einem Kumpel und fände es schön, wenn ich ihnen Gesellschaft leistete. Ich hatte nicht die geringste Lust dazu. Ich war gerade dabei, Rosmarin-Apfelmarmelade einzumachen und sagte deshalb ab. Dann ging ich in den Keller, um ein paar Gläser zu holen. Mein Blick fiel auf ein großes Regal, das mit alten türkisfarbenen Einmachgläsern vollgestellt war. Es mußten Millionen sein. Ein unerschöpflicher Vorrat. Wann immer ich welche brauchen sollte, ich hätte sie zur Hand. Und gleichzeitig wußte ich, daß ich sie im Augenblick nicht wirklich brauchte.

Ich rannte die Treppe hoch und griff nach meiner Jacke. Dann hastete ich im Laufschritt durch den Schnee Richtung Restaurant. Wenn ich irgend etwas gelernt hatte, dann war es die Erkenntnis, daß Gelee einkochen eine gute Sache gewesen war für die Zeit, als ich nicht am Leben draußen teilnahm. Aber es war das Ausbrechen aus den eigenen vier Wänden, nicht das Gelee, das mich wieder glücklich gemacht hatte.

Ich erreichte das Restaurant, und mein Mut sank. Vielleicht waren sie ja woanders hingegangen. Ich stand mutterseelenallein am Eingang. Dann endlich sah ich meinen Freund. Er winkte mir quer durch den Raum zu. »Ich habe mich doch anders entschieden«, sagte ich und sah den Mann an, der mit ihm am Tisch saß. Und da war es, urplötzlich und unvermittelt, aus heiterem Himmel, jenes Gefühl, das ich fast schon vergessen hatte, das Gefühl, das in dir hochsteigt, wenn jemand sein Herz öffnet und dich hineinläßt. Ich wußte, daß ich für eine Weile nicht mehr einkochen würde, aber ich hatte das A und O des Einmachens bis in die Haarspitzen verinnerlicht: Wenn man genügend Geduld hat, dann klappt es immer.

Anhang

Besser als eine Lebensmittelvergiftung

Ein paar Dinge, die Sie über das Einmachen wissen müssen

Ein paar grundsätzliche Bemerkungen zum Einmachen und zu den Utensilien, die Sie benötigen

Wann immer ich etwas über die Problematik des Einmachens lese – über die Gefahr einer Lebensmittelvergiftung, darüber, welche Früchte viel natürliches Pektin enthalten und welche nicht, schalte ich ab. Ich will sagen, Sie halten sich einfach an die in den Rezepten vorgegebenen Schritte und sterilisieren immer alles. Denn mit dem Sterben wollen Sie sich ja wohl doch noch Zeit lassen, egal, wie mies sie sich an dem Tag auch fühlen mögen.

Sie sollten vielleicht wissen, daß Gelee schwerer als Marmelade einzukochen ist. Beim Gelee sind mehr Arbeitsgänge erforderlich. Der Unterschied besteht darin, daß Kompotte und Marmeladen ein dicker Brei aus Fruchtstückchen beziehungsweise Fruchtmus sind; sie sind weniger fest als Gelees. Gelee ist nur gelierter Saft. Beim Gelee fängt man zunächst genauso an wie bei der Marmelade. Anschließend gibt man die Fruchtmasse in ein Seihtuch und läßt den Saft abtropfen, den man dann mit Zucker einkocht. Gelee soll eine ganz spezifische Konsistenz haben: wackelig, aber trotzdem fest. Marmelade dagegen darf ruhig mal ein bißchen fester oder ein bißchen weniger fest sein. Das ist im Endeffekt völlig schnuppe.

Marmeladen sind so etwas wie Gelees mit Fruchtschale und winzigen Fruchtstückchen. Bei Weckgut »schwimmen« ganze Früchte oder große Fruchtstücke in einem dünnflüssigen Sirup. Eine ganz andere Kategorie sind Pickles. Man kann sie mit Dill oder süß-sauer einlegen.

In jedem Fall muß man die fertigen gefüllten und verschlossenen Gläser für eine bestimmte jeweils vorgegebene Zeit in einem Einmachkessel nachwecken, das heißt, das ganze Glas wird in einen großen Topf mit kochendem Wasser gestellt.

Vor ein paar Monaten war ich nicht in der Lage, einkaufen zu gehen. Denn jedesmal, wenn ich diese Tüten mit gemischtem Salat sah, mußte ich an die Picknicks mit dem Mann, den ich liebte, denken und fing sofort an zu heulen. Wenn Sie nicht genau wissen, ob sie stabil genug sind, um Obst oder sonst irgend etwas einzukaufen, lassen Sie sich ruhig Zeit; immer schön langsam, ein Schritt nach dem anderen.

Bis Sie sich fit genug fühlen, um das Haus zu verlassen und die fehlenden Gerätschaften, die speziell fürs Einmachen erfunden worden sind, zu besorgen, können Sie sich mit Dingen behelfen, die bereits in Ihrer Küche vorhanden sind. Fangen Sie bescheiden damit an, sich nach Gläsern umzusehen. Wenn es Ihnen besser geht, können Sie immer noch antike blaue Schmuckgläser oder alte Geleegläser sammeln. Aber das kann warten.

Sie brauchen einen großen Kessel, in dem Sie Wasser kochen können, und irgendein Gestell, damit die Gläser nicht direkt auf dem Boden stehen. Ideal ist natürlich ein Weckkessel mit einem Drahteinsatz. Sie können ihn auf einem Trödelmarkt oder in einem Discounter erstehen, je nachdem, womit weniger Erinnerungen an Ihr früheres Leben verbunden sind. Dann brauchen Sie noch etwas, womit Sie die heißen Gläser aus dem Wasser fischen können. Doch eine einfache Zange tut es notfalls auch.

Zweckmäßig ist auch ein Ding, das wie ein Trichter mit großer Öffnung aussieht. Es verhindert, daß das Gelee beim Einfüllen in die Gläser über die Ränder kleckert. Ich würde sehr dazu raten, sich dieses Utensil zuzulegen. Die Trödelläden sind voll davon. Übrigens findet man normalerweise in diesen Trödelläden jede Menge von gebrauchten Einmachutensilien, ganz einfach, weil heutzutage kein Mensch mehr einkocht, zumindestens wird das behauptet. Aber unbedingt nötig ist dieser Trichter im Grunde genommen nicht; Sie können das Gelee auch in die Gläser löffeln und die Spritzer hinterher abwischen.

Für den Fall, daß Sie sich wieder in der Verfassung fühlen, alles einzukaufen, hier Ihre Einkaufsliste:

- Seihbeutel;
- ein Kochtopf, der groß genug ist, um eine große Portion Früchte zusammen mit der entsprechenden Zuckermenge darin kochen und abschäumen zu können, ohne daß er überläuft, und der dabei so breit ist, daß die überschüssige Flüssigkeit schnell verdampfen kann;
- ein Konfektthermometer, falls Sie mit Temperaturkontrolle arbeiten wollen, womit ich allerdings nie klar gekommen bin;
- ein Trichter mit Griff und entsprechend großer Öffnung;
- ein Weckkessel zum Sterilisieren und Haltbarmachen der Gläser; dazu einen Einsatz, damit die Gläser etwa 1½ cm Bodenfreiheit haben;
- Einmachgläser mit Deckeln und Schraubringen;
- eine Spezialzange zum Anheben heißer Gläser;
- ein Tablett zum Abstellen der Gläser vor und nach dem Abfüllen;
- ein neues Kleid.

Praktische Einmachtips

Gläser und Deckel

Nehmen Sie jedesmal neue Deckel. Gläser und Schraubringe können Sie wiederverwenden, die flachen Metalldeckel jedoch nicht. Wenn Sie mit Weckgläsern mit Glasdeckel arbeiten, die mit einer Metallklammer verschlossen werden, müssen Sie jedesmal neue Gummiringe nehmen. Sie brauchen auch neue Gummiringe, wenn Sie die Gläser mit alten Zinkdeckeln verschließen wollen.

Gläser und Deckel, die nicht zum Einmachen gedacht sind, wie beispielsweise leere Mayonnaisengläser, sind möglicherweise nicht hitzebeständig.

Verwenden Sie keine Gläser, die einen Sprung haben oder sonst irgendwie beschädigt sind (Absplitterungen oder Unebenheiten an den Rändern). Rostige Schraubringe sind ebenfalls tabu.

Der Einmachvorgang

Lassen Sie immer zwischen dem Einmachgut und dem Glasrand den Abstand frei, der im Rezept angegeben ist. Falls Sie das nicht tun und die Gläser zu voll machen, kann es passieren, daß sie nicht richtig sterilisiert werden und dann verderben. Es kann auch vorkommen, daß bei übervollen Gläsern etwas Flüssigkeit beim abschließenden Sterilisieren austritt. Das ist dann wirklich ärgerlich, zumal man auch nicht einfach den Deckel lösen und Flüssigkeit nachfüllen kann. Man muß es dabei belassen.

Pro 300 Meter über Meereshöhe ist zu der Sterilierzeit der fertigen Einmachgläser je eine Minute hinzuzurechnen. Das liegt daran, daß der Siedepunkt von Wasser mit zunehmender Höhe abnimmt. Es braucht also länger, bis die Mikroorganismen in dem Einmachgut abgetötet sind, was ja der eigentliche Sinn und Zweck des Wasserbads ist. Wenn Sie die leeren, sterilisierten Gläser aus dem heißen Wasser nehmen, stülpen Sie sie auf einen sauberen Stapel Handtücher, damit das überschüssige Wasser ablaufen kann. Nach dem Abfüllen die heißen Gläser nicht auf einer kalten Fläche abstellen. Durch den Schock würden sie zu Bruch gehen. Das haben Sie ja am eigenen Leib erfahren.

Zum Wecken, das heißt zum Sterilisieren der abgefüllten Gläser, sind weder der Backofen noch die Mikrowelle noch der Dampfkochtopf oder gar der Geschirrspülautomat geeignet. Auch nicht der Dachboden, ganz gleich, welche Bullenhitze da oben auch herrschen mag.

Gelee und Marmelade

Man verwendet am besten noch nicht ganz reife Früchte. Sie sollten jedoch frisch geerntet sein. Bei der Verarbeitung zu Gelee sind nämlich zwei Dinge ausschlaggebend – das Pektin und die Säure. Beides nimmt mit der Reife des Obstes ab. Da überreife Früchte weniger Pektin enthalten, könnte das Gelee nicht fest genug werden, auch wenn Sie es noch so lange kochen lassen. Um nun genügend Pektin zu haben und gleichzeitig ein vollaromatisches Gelee mit schöner Farbe zu bekommen, können Sie das unreife Obst mit ein paar reifen Früchten aufpeppen. Manche Früchte – Früchte, die sehr süß sind wie beispielsweise Bananen oder Pfirsiche – haben nicht genügend Säure. Dann muß man Zitronensaft hinzufügen. Andere Früchte haben nicht genug Pektin. Hier hilft ein im Handel erhältliches Pektinkonzentrat.

Zu Ihrer Information: Reich an natürlichen Pektinen sind Äpfel, Brombeeren, Holzäpfel, Preiselbeeren, Johannisbeeren, Stachelbeeren, Trauben, Pflaumen, Quitten und Himbeeren. Zum Einwekken – hier kommt es darauf an, daß das Obst möglichst seine Form und Farbe behält – eignen sich besonders Kirschen, Pfirsiche, Birnen, Pflaumen, Quitten, Erdbeeren, Tomaten und Feigen. Für Marmeladen empfehlen sich ausgereifte und weichfleischige Obstsorten wie Aprikosen, Pfirsiche und Pflaumen.

Wenn man Pektinkonzentrat verwendet, kann man aus der gleichen Menge Früchte mehr Gelee herausbekommen als normal, muß dabei aber beachten, daß auch mehr Zucker erforderlich ist.

Alle Druckstellen und sonstigen schadhaften Stellen sind aus dem Obst auszuschneiden. Obst und Gemüse gut abwaschen und das Wasser abtropfen lassen. Bei Äpfeln brauchen Sie das Kerngehäuse und die Schale nicht zu entfernen. Dasselbe gilt für Quitten. Bei Trauben und Pflaumen erübrigt es sich ebenfalls, die Haut abzuziehen. Bei den meisten Beeren sind jedoch Stiele und Fruchtblätter zu entfernen. Johannisbeeren müssen allerdings nicht entstielt werden.

Es ist besser, immer nur mit kleinen Mengen Obst zu arbeiten, das heißt mit nicht mehr als acht Bechern Saft respektive sechs Litern Beeren respektive zwei Kilo Äpfeln. Ein Kilo Obst entspricht übrigens in etwa einem halben Liter Saft, und aus einem halben Liter Saft, versetzt mit der gleichen Menge Zucker – das ist das übliche Maß –, bekommt man ungefähr einen dreiviertel Liter Gelee. Es empfiehlt sich auf keinen Fall, die Mengenangaben eines Gelee- bzw. Marmeladenrezepts zu verdoppeln. Bei zu großen Mengen kann es schwierig werden, die richtige Gelierzeit zu ermitteln.

Wenn es im Rezept heißt, nur ein bißchen Wasser hinzufügen, dann nehmen Sie ja nicht zu viel. Das Obst wird schließlich gekocht, um die Pektine herauszuziehen, die dafür sorgen, daß das Gelee fest wird. Um dabei zu verhindern, daß die Masse am Boden des Topfes anbrennt, fügt man Wasser hinzu, das man anschließend jedoch wieder verdampfen lassen muß, damit das Pektin für die Fruchtmenge ausreicht. Der Chemieunterricht läßt grüßen! Nach dem Hinzufügen des Zuckers muß das Ganze so lange kochen, bis die Masse richtig geliert ist. Zu lange Kochzeiten zerstören möglicherweise so viel Pektin, daß man anstelle des Gelees eine klebrige, gummiartige Masse bekommt. – Ich bezeichne das dann immer als Kaugummistadium.

Falls Sie mit einem Konfektthermometer arbeiten, denken Sie daran, daß der Gelierpunkt um gut 4 Grad über dem Siedepunkt von Wasser liegt, und zwar unabhängig von Ihrem Standort. Bitte berücksichtigen Sie das bei einer entsprechend Ihrer Meereshöhe erforderlichen Korrektur des Siedepunkts.

Wenn Sie den Kohäsions- bzw. Löffeltest, also die Gelierprobe, machen, müssen Sie wissen, daß der Geleesirup zuerst leicht und dünnflüssig ist, bevor er mit zunehmender Kochzeit immer zähflüssiger wird. Wenn der Gelierpunkt erreicht ist, ploppt das Gelee in einem zusammenhängenden Stück vom Löffel und nicht mehr tropfenweise.

Bevor man die Gläser füllt, muß man den kochenden Sirup vollständig abschäumen. Um den Schaum zu reduzieren, kann man der Fruchtmasse vor dem Kochen ein Stückchen Butter oder etwas Pflanzenöl (etwa einen halben Teelöffel) hinzufügen.

Schäumen Sie das Gelee beziehungsweise die Marmelade ab, sobald Sie den Zucker eingerührt haben. Wenn die Masse kocht, nicht mehr abschäumen. Das ist dann nämlich kein Schaum, das sind nur die Luftblasen vom Kochen. Denn es ist ja die Frucht, die gekocht werden muß, nicht der Zucker. Deshalb wird das Obst auch erst zirka eine Viertelstunde vorgekocht, bevor der Zucker hinzukommt.

Den Seihbeutel beim Entsaften niemals ausquetschen oder zusammendrücken. Das macht das Gelee trüb statt klar. Manchmal dauert es eine ganze Nacht, bis der Saft abgetropft ist. Einen Seihbeutel können Sie entweder käuflich erwerben, oder aber Sie nehmen Musselinstoff oder ein Stück Flanell und nähen es zu einer kegelförmigen Tüte zusammen. Sie können den Saft aber auch durch einen mit Mull ausgelegten Durchschlag abtropfen lassen.

Wenn Sie antike Einmachgläser oder alte Geleegläser verwenden wollen, bekommen Sie dafür keine neuen passenden Deckel und können sie daher nach dem Abfüllen auch nicht in kochendem Wasser sterilisieren. Sie müssen also Paraffinwachs verwenden, um sie zu versiegeln. Sie schmelzen das Wachs über kochendem Wasser und gießen dann eine etwa drei Millimeter dicke Schicht auf das Gelee. Sie müssen allerdings warten, bis das Gelee sich ein bißchen abgekühlt hat, sonst bleibt das Wachs beim Abkühlen nicht an den Glaswänden haften. Das Wachs soll aber luftdicht an den Seiten abschließen. Falls sich im Wachs Luftblasen bilden, sofort zerstechen.

Nur keine Panik! Wenn Sie Ihr Gelee zu kurz gekocht haben – Sie haben Sirup anstelle von Gelee –, können Sie einfach die Deckel abnehmen und es zurück in einen Topf schütten. Nochmal aufkochen lassen, und dann auf zu einem erneuten Gelierversuch, eventuell unter Hinzugabe eines Bechers Apfelsaft.

Wenn man allerdings dem Vorschlag des Autors eines alten Einmachbuchs Folge leisten will, dann stellt man die Gläser einfach einen Nachmittag lang in die Sonne; durch die Hitze soll das Pektin – so der Autor – weiter aktiviert werden. Er empfiehlt also das genaue Gegenteil von dem, was Ihnen vielleicht vorschweben könnte, um das Gelee fester werden zu lassen, nämlich die Gläser in den Kühlschrank zu stellen. Stellen Sie auf jeden Fall sicher, daß das Problem nicht ein Mangel an Pektin ist. Versuchen Sie diese Methode nur, wenn Ihr Rezept etwas Apfelsaft respektive Äpfel oder Johannisbeeren enthält.

Pickles

Wenn Sie Pickles einmachen, verwenden Sie zum Einlegen nur Steingut-, Ton- oder Glasgefäße und zum Kochen nur Töpfe aus Edelstahl oder Email. Schüsseln, Kochgeschirr und Löffel aus Gußeisen beziehungsweise nicht eloxiertem Aluminium sind tabu.

Wenn Sie möchten, daß die Flüssigkeit, in der das eingelegte Gemüse liegt, klar ist, dann verwenden Sie destillierten Weißweinessig und nicht den dunkleren Apfelessig oder einen Kräuteressig. Apfelessig können Sie bei Rezepten nehmen, bei denen es entweder unerheblich ist, ob das Gemüse nachdunkelt, oder wenn der Aufguß von vornherein schon dunkel ist. Passen Sie auf, daß auf der Essigflasche 5 % Säure ausgewiesen sind, wie es bei destilliertem Weißweinessig der Fall ist.

Ersetzen Sie das Spezialsalz für Pickles nie durch Tafelsalz. Es enthält im Hinblick auf die Streufähigkeit bestimmte Zusätze, die bewirken können, daß die Pickles-Flüssigkeit ausflockt und trüb wird oder daß sich ein Bodensatz im Glas bildet. Jodsalz kann die Pickles dunkel färben.

Wenn Sie Halblitergläser verwenden, lassen Sie die eingelegten Pickles mindestens 15 Minuten lang in dem kochenden Wasser; bei Litergläsern müssen es 20 Minuten sein. Bewahren Sie die Pickles an einem kühlen, dunklen, trockenen Ort auf, während sie durchziehen. Versuchen Sie keine Pickles aus Supermarktgurken zu machen, die in einer Folie eingeschweißt sind, und verarbeiten Sie die Gurken spätestens 24 Stunden nach der Ernte. Sie müssen wirklich frisch und fest sein. Das gilt auch für alle anderen Gemüsesorten, die Sie einmachen wollen.

Vertrauen Sie diesem Leitfaden. Kommen Sie nicht auf die Idee zu pfuschen. Immer schön ein Schritt nach dem anderen. Ganz gleich, was herauskommt, es ist schon in Ordnung.

Dank

Die Autorin dankt Kyle Eriksen, Jane Swenson, Audrey Hall, Colleen Butler Scissors, Po Bronson, Helen Duban, Ross McDonald, der gesamten Familie von Bernice und Vernon Jensen, Bruce Tracy, Terry McDonell, Tom Judson, Andy Weiner, Jann Wenner, Jeremiah Creedon, Roy Bittan, Mike Gregory, der Bohart Ranch, Weller's Books, Margaret Warner, Sean Brooks, Ethel Simonstad, Adam Miller, meiner Lektorin, Laurie Abkemeier und ganz besonders Caroline Fuqua und Regina Torgerson Miller.